子どもの誇りに灯をともす

ロン・バーガー
Ron Berger

塚越悦子・訳
藤原さと・解説

An Ethic of Excellence
Building a Culture of Craftsmanship with Students

誰もが探究して学びあう
クラフトマンシップの文化をつくる

英治出版

子どもの誇りに灯をともす

An Ethic of Excellence

Building a Culture of Craftsmanship with Students

by Ron Berger

Japanese translation rights arranged with
Heinemann, a division of Greenwood Publishing Group, LLC
through Tuttle-Mori Agency, Inc., Tokyo

日本の読者のみなさんへ

まず、私の教育についての思想を知っていただけたことに感謝します。私の教育に対するるビジョンは、学校や大学における一般的な焦点とは異なっています。しかし、私自身、すべての教師や親と同じように「生徒に試験で良い点を取れるように教えなければ」というプレッシャーに常にさらされながら、50年近く教育に関わってきました。私はその責任を真剣に受け止めています。一方で、人は生きていく上で、試験の点数によってではなく、どんな人であるかという人間性や、課題に取り組む姿勢（倫理観）や、つくり上げる作品の質において評価されるということを思い出していただきたいのです。

私の教育に対する情熱の源は、生徒は素晴らしいことを成し遂げられる、つまり美しい作品をつくることができるという信条です。これは単に目で見て美しいと感じるものだけでなく、科学や数学、歴史という視点からも優れている作品を意味します。また、思いやりを持って、市民として責任ある振る舞いをし、結果として世界を変えるような美しい行為をとることも含まれます。自分自身や家族さえもできると思っていなかったことを成し遂げた生徒たちは、自己のイメージを根本から塗り替えます。自分には偉大なことを成し遂げる力があると知るのです。この意欲と自信が、学校での試験だけでなく、その後の人生におけるキャリアやビジネスで成功をつかむ原動力となります。本書を執筆したのは

20年前のことですが、こうした思いは今も変わりません。

私は昔から美を尊ぶ日本の文化や伝統を深く尊敬しており、いつか日本のみなさんにも私の本を届けたいと願ってきました。日本庭園、茶道、書道、衣服、食事、生け花、大工仕事、その他にもさまざまな領域で優雅さと美しさを追求することが、伝統的な日本の文化の真髄です。試験という重圧のかかる学校教育の現場で、このような価値観を反映することの難しさは想像にかたくありません。しかし、日本文化の持つ力と本書の思想を結びつける方法を、日本の読者のみなさんに見つけていただけたらというのが私の願いです。

日本語版の出版にあたり、藤原さとさん、塚越悦子さん、英治出版のみなさま、そしてご協力いただいた方々にお礼を申し上げます。また、本書を手に取ってくださったすべての方々の教育に対するコミットメントに心より感謝します。

ロン・バーガー
マサチューセッツ州アマースト
２０２２年６月

子どもの誇りに灯をともす　もくじ

日本の読者のみなさんへ　3

はじめに　クラフトマンでいっぱいの教室　11

第1章　エクセレンスの収集家

生徒の作品が示すもの　28
生徒の成長の証し　44
エクセレンスのライブラリー　53

第2章　工具箱①　学校にエクセレンスの文化をつくる

小さく始める　57
なぜ文化が重要なのか　60

ある教室のストーリー――ポジティブなピア・プレッシャーの力　63
コミュニティの価値　70
コミュニティの基盤づくり　76
コミュニティを内外から支える　84
ある教室のストーリー――広い意味でのコミュニティの構築　91

第3章　工具箱②　エクセレンスを追求する学び方

自尊心は褒め言葉ではなく、「成し遂げる」ことで育まれる　101
力強いプロジェクト　104
作品を通して読み書きの力を育む　114
「ほんもの」の研究　118
アートの力　123
モデル　129

何度も草案をつくる　135
批評　142
作品を発表する　152
粘り強い生徒を育てるアセスメント　158
ある生徒たちのストーリー――水の学習　168

第4章　工具箱③ エクセレンスを教える

先生をサポートする　181
教えることは天職　183
教える技術　197
教え方の研究者　202
ある教室のストーリー――教えるためのインスピレーション　208

おわりに　エクセレンスの測り方　228

謝辞　238

訳者あとがき――世界が注目するハイ・テック・ハイ　241
解説――美しい作品をつくり出す人生　250

編集部注

＊訳注は〔　〕で示した。

＊原文の段落は、読みやすさを考慮して適宜改行した。

＊未邦訳の書名は本文中に原題を併記した。

＊日本版では著者の教え子たちの写真を追加した。

はじめに　クラフトマンでいっぱいの教室

私は25年にわたって二足の草鞋を履く生活をしてきました。普段は公立学校でフルタイムの教員として勤務しています。一方で家計を支えるために、学校の夏休みや冬休み、時には週末に大工として働いてきました。教室でも、工事現場でも、私を突き動かす信念は同じです。それは、何かをつくり出すからには、自分が誇りに思えるような、力強く正確で美しい作品を仕上げるように全力を尽くすべきだという考えです。

大工の世界で「あの人は**クラフトマン**（**職人**）だ」といえば、それは仲間の大工に対する最大の賛辞の言葉です。この言葉は重要な要素をすべて内包しています。クラフトマンという言葉が意味するのは、誠実さと知識を兼ね備えた、自分の仕事に誇りを持って一心に取り組む人の姿です。慎重に物事を考え、素晴らしい仕事をする人。

私は、生徒たちみんなにクラフトマンになってほしいと望んでいます。正確で力強く、美しい作品をつくり上げる生徒たち。自分自身と仲間を大切にし、自らがつくる作品に誇りを持つ人になってほしいのです。

複雑な屋根の骨組みをつくる際、垂木《たるき》の角度を割り出すために三角法と電卓を使う大工もいれば、高校で習う数学の知識は使わず、巻尺と空間認識能力、そして自分の鍛錬した目に頼る大工もいます。実際のところ、作業にかかる時間と予算が許容範囲内であれば、どちらのアプローチでも構いません。重要なのは、しっかりとした家を建てることです。私の生徒たちの中には、本に囲まれて育った子もいれば、家に本がほとんどなかったという子もいます。読み書きや算数を難なくこなせる子もいれば、言葉や文字が逆さに見えてしまって文章を読むのが難しい子や、数字を順番に書けない子もいます。特に困難のない快適な暮らしをしている子もいれば、何らかの障害を抱えていたり、健康や家庭環境による苦労が多い子もいます。私はそんなすべての子どもたちに、クラフトマンになってほしいのです。作品を仕上げるのにより多くの時間を必要とする子もいれば、追加のサポートやアプローチの仕方に工夫が必要な子もいるでしょう。それでも、最終的にはすべての子どもたちが、自分で誇りに思える作品をつくれるようにしたいのです。

数年前、私はプレイハウスの屋根の上にしゃがみこみ、6年生のアーロンと一緒に屋根板を釘で打ち付けていました。10月のよく晴れた日曜日で、空気は澄み渡っており、ニューイングランド地方に住んでいてよかったと思わせてくれる特別な日でした。楓《かえで》の黄色と赤に染まった葉に午後の光がさしていて、その屋根の上からは美しい世界が見えました。

屋根の下では5年生のホリーとジャスティンがペンキ塗りをしながら、何やらくすくす笑っています。そこにマイクが妹と一緒に現れて、「先生のクラスの生徒じゃないけど、手伝ってもいいですか?」と言うので、もちろん、と答えました。それからケイトも現れて手伝い始めました。7人もの仲間がいれば、プレイハウスはすぐに仕上がると思うかもしれません。実のところは、3週間にわたって午後の授業時間や放課後に取り組んできましたが、まだまだ多くの作業が残っていました。子どもたちと一緒につくり上げていくのは時間がかかるのです。

プレイハウスと聞くとシンプルなものを思い浮かべるかもしれませんが、私たちのプレイハウスはとても手の込んだ作りのものでした。5年生の生徒たちが建築について勉強していた時に、学校で一番下の学年である幼稚園（キンダーガーデン）の子どもたちへのプレゼントとして、一緒にデザインしたのです。幼稚園児たちからのリクエストにより、プレイハウスは2階建てで、中にハシゴ式の階段があり、2階には「覗き窓《スパイ》」、1階には二つの窓、そして玄関の外にはポーチがありました。また、板張りの外壁、ビクトリア調の窓枠や内装の装飾が特徴的で、サイズとしてはそれほど大きくありませんが、とてもよく仕上がっていました。

プレイハウスをどんな色にするか、私は生徒たちと何度も議論をしました。生徒たちは、パイングリーンの外壁とクリーム色の窓枠に、屋根板もグリーンにしようというのです。緑の屋根に緑の壁とは！　絶対に色がぶつかるから、屋根の色を無難な黒か茶色にしたらと提案してみましたが、クラスのみんなに反対されました。蓋を開けてみたら、間違っていたのは私でした。屋根板は深いグレーの入った緑で、外壁の色とよく調和していました。プレイハウスの色は地域の人々からの評判も上々で、生徒たちは先生の提案した色にしなくてよかったと後々まで冗談まじりに語っていました。屋根板を打ち付けていると、アーロンが私に笑いかけているのに気づきました。私は声をかけました。「うん、とても良く仕上がっているよ」

実は10年ほど前から、私の二足の草鞋は三足になっていました。教師と大工の仕事に加えて、他の学校を対象にコンサルティングを始めたのです。学校教育の場でエクセレンスを追求するという情熱を、より大きなスケールで広めていきたいと思ったからです。特に、都市部の貧しい子どもたちにより良い教育の機会を与えたいと切望していました。ここ数年は、コンサルティングの仕事が忙しくなり、大工仕事をする機会は減っていたので、久しぶりに金槌で釘を打つ作業はとても楽しいものでした。

私の学校はマサチューセッツ州の森の中にありましたが、コンサルティングに赴くのは主にアメリカ各地の都市部の学校です。私の生徒はほとんどが田舎育ちの白人の子どもたちでしたが、都市部の学校の先生や生徒には白人が少なく、言語環境や文化的背景もさまざまでした。私のコンサルティングは、先生と生徒みんなが「質の高いものをつくることが大切だ」と信じて美しい作品をつくり上げることにワクワクするための戦略を考え、共有することを目指していました。

プレイハウスの屋根の上で、アーロンが慎重に間隔を空けて釘を並べています。屋根の下にいる子どもたちは、下地板を設置したり、窓枠を塗ったり、一心に作業に取り組んでいました。生徒たちがデザインし、自分たちの手でつくり上げた美しいプレイハウス。どう

したらこの経験を共有できるだろうか？　どうすれば、正確に表現できるだろうか？
あの日曜日についてよく覚えているのは、ニューイングランド地方の美しさやプレイハウスのためではありません。才能のある子どもたちや優れた教え方、他校にも売り込みたいカリキュラムといったものでもなく、あの日の空気感、共有された精神があったからです。子どもたち、教え方やカリキュラム、学校の環境、地域コミュニティ。どれも欠かせない要素であり、そのすべてが同時に変化することが重要です。あの日、私たちが共有した精神、つまり**倫理観**がすべてに変化をもたらしました。子どもたちに「手伝いたい」と思わせ、協働を促し、少しでも質の良い作品をつくろうと真剣にさせたのです。この倫理観は**学校の文化**によってもたらされたものでした。

では学校の文化、そして倫理観はどのように共有したらいいのでしょうか？

最近、新聞を広げれば学校教育の「危機」についての記事が目に入り、新しい解決案がすぐに成果を上げるはずだ、と話題になります。例えば、もっと子どもたちに試験を受けさせよう、特別な経験がない先生でも教えられるカリキュラムが必要だ、能力給にすればいい、州の基準を定めるなどです。

このような記事はダイエット商品のキャッチコピーのようで、心配になります。「短期間で○○キロ痩せる！」「劇的な成果！」「簡単にできる！」といったものです。ダイエット商品のように、新しい試験にも多額の資金がつぎ込まれています。でも、手っ取り早く痩せた人のほとんどはリバウンドに苦しみます。体重を毎日測っていても痩せるわけではないし、しょっちゅう子どもたちに試験を受けさせても、より賢くなるわけではありません。余分な体重を落として適正体重を保つためには、適切な運動と食事という、新しい倫理観を定着させるしかないのです。即効性のある方法ではなく、長期間にわたるコミットメントが必要です。生き方そのものを改めなければなりません。

学校教育を短期間で「直す」という言葉を耳にすると、私は教育システムは壊れているわけではない、と感じます。とても良い取り組みをしている学校もあれば、そうでない学校もあります。うまくいっている学校には、生徒たちを真剣に取り組ませるような倫理観や学校の文化があるのです。そうでない学校に必要なのは、試験を増やしたり、新たな教育目標を掲げたりすることではありません。必要なのは新しい学校の文化であり、倫理観です。そして、新しい文化が根付くまでの近道はなく、長期間にわたるコミットメントが必要です。学校のあり方そのものを変えなくてはなりません。

アメリカの学校教育は、ある時から間違った方向に行ってしまったようです。生徒や学校や教育区を度重なる試験でランク付けすることに焦点が当てられるようになってしまいました。ランキングよりも重要なのは、子どもたちの一番良い面を引き出すために学校やコミュニティに何ができるか、ということではないでしょうか。

アメリカ各地の学校を訪れると、生徒たちが何らかの分野で目覚ましい成果を上げているのを目にすることがあります。同僚のスコット・ギル先生の子どもたちが通う高校は、スポーツで信じられない結果を出しています。このウィスコンシン州キューバシティ高校は、一学年75人程度の小さな学校です。学区も決して裕福な地域というわけではなく、ほとんどの家庭の親は酪農や食肉加工工場で働いています。キューバシティ高校は、過去30年の間、男女のさまざまなスポーツで、州大会で14回、地区大会で47回も優勝しました。他にも、オーケストラ、チェス、レスリング、アート、ディベート、エッセイコンテストなどの州大会で、何年にも、時には何世代にもわたって他を圧倒する成果を収めている学校を訪れました。

一体何が起こっているのでしょうか？　キューバシティの子どもたちがみんな生まれつき優れたスポーツ選手というわけでも、音楽の才能に溢れた子どもたちがアイオワ州の一つの町に集結しているわけでもありません。遺伝や運という問題ではないでしょう。私立学校や大学であれば才能ある生徒を集めることができますが、これらは公立の学校です。たまたまその学校に入った子どもたちを毎年のようにスターに育てているのです。スポーツや音楽といった課外活動に限らず、キューバシティ高校は、その地域の人口構成から推測される結果とは裏腹に、学業面でも良い成績を収めています。私の知り合いには、ニューヨークのハーレム地区にあるセントラルパーク・イースト高校やボストンのフェンウェイ高校で教えている教師たちがいます。これらの都市部の学校の生徒たちは、ほとんどが低所得家庭の、白人ではない子どもたちなので、高校卒業率は非常に低いと思われていました。でも、実際には生徒の95%が卒業し、約90%は大学に進学しています。

これらの学校に、特別な仕掛けや魔法があるわけではありません。共通しているのは、生徒に高いレベルのものを求めているということです。生徒の経歴や人種や学歴に関係なく、実に多くのことを生徒に期待しています。「生徒に対する高い期待」をモットーに掲げるアメリカの学校は数多くありますが、実践している学校はほとんどありません。

しかし、教師の立場から私が言えることは、高い期待があっても成果の保証にはならない、ということです。それは出発点に過ぎません。これらの学校に特徴的なのは、生徒への高い期待を生徒の達成度と結びつけていることです。そして、生徒にやる気を起こさせ、サポートし続ける学校の文化があるのです。改革に成功した都市部の学校に関する新聞記事を読むと、学校の文化を形づくる要素を一つだけ取り上げ、そのおかげで成功したと結論づけているものが多く見られます。授業時間を長くしたり、制服を導入したり、勉強が遅れている子にチューターをつけたり、古典文学をカリキュラムに取り入れたからだと結論づけるのです。私は改革に成功した都市部の学校と仕事をしてきた経験から、たった一つの戦略がまるで魔法の薬のように貧しい地区の負の連鎖を断ち切ったと考えるのは馬鹿げていると感じます。このような学校が直面している課題は多岐にわたる膨大なものなので、問題解決のために構築された学校の文化は複雑で、よく考え抜かれたものであるはずなのです。

エクセレンスの鍵は、文化にあります。家庭や地域コミュニティや学校に、質の高い作品を生み出すことを期待し、支援を惜しまない文化があると、子どもたちはその文化に適応しようとするのです。エクセレンスの文化は人種・階級・地理といった垣根を越えていきます。子どもたちの出身地がどこであるか、家庭の所得はどれくらいか、どのような経歴を持っているかは関係ありません。一度、大きな影響力を持つ倫理観が根付いた文化に触れれば、その倫理観が彼らの基準になります。それが彼らの当たり前となるのです。

2年前、私はバーモント州のオースティンろう学校から、質の高いプロジェクトとはどのようなものか、というテーマで講演してほしいと依頼されました。プロジェクトに関するスライドや動画、生徒の作品などと一緒に、6年生のソニア、リサ、クロエを連れていきました。3人とも耳が聞こえる生徒でしたが、聴覚障害者の文化を授業で学び、手話を習得していました。

午前中は学校見学から始まり、授業参観をして、ろう学校の生徒たちと交流しました。そして昼食後に、学校関係者を前にプレゼンテーションをしました。生徒たちは過去2年間に取り組んだ作品集を見せて、音声通訳をしながら手話で質問に答えていました。ソニアたちは自分たちの考えを思慮深く明確に表現しており、作品はとても素晴らしいものでした。私は誇らしい気持ちでいっぱいになりました。すべてが順調でした。

私のスライドと動画のプレゼンテーションが終わり、質疑応答の時間になりました。学校関係者からは私だけでなく、3人の生徒たちへ多くの質問が寄せられました。生徒たちへの質問は「なぜ、そんなに一生懸命取り組むのか?」ということに尽きるようでした。それほど高い基準を持っているのはなぜか? 何度も草案をやり直す理由は? そこまで頑張らないといけないというプレッシャーを感じるのか? 文句を言ったり、途中で嫌になって適当なものを提出したりしないのか?

ソニアたちにはそれらの質問がよく理解できないようでした。学校や地域の、良い作品をつくるために全力を尽くすことを当たり前とする文化を自らのものとしていたので、なぜそんなことを聞くのかわからなかったのです。

しばらく考えてから出てきた答えは「そういう学校だから」というものでした。「特にプレッシャーに感じたことはないし、普通のことです。全員が何度も草案をやり直すし、作品の質にこだわるし、一生懸命頑張っています」これが彼女たちにとっての学校なのです。

本書は、学校における「エクセレンスの倫理観」がどのようなものかを説明し、そうした文化を築いて維持する戦略を読者と共有することを目的としています。本書で提案する「エクセレンス」の定義は広く、学業面、芸術面、そして個人の人格にも及ぶものです。学校は子どもたちの価値観を形づくるのに非常に重要な役割を担っています。学校が子どもたちに価値観を教えるべきかという議論がしばしば起こりますが、学校教育のプロセスそのものが価値観を植えつけるものです。そこに選択の余地はないのです。誠実さ、自分や他人を尊重すること、責任感、思いやり、勤勉さを大切だと思う人を育てたいのだったら、そのモデルとなるような学校の文化を構築するべきです。

エクセレンスに重きを置く学校の文化に一つの理想の形があるわけではなく、学校の環境によっていろいろなやり方が考えられます。本書で紹介するアイディアは、私が一緒に仕事をする機会に恵まれた教育者や彼らが書いた本、実際に学校の文化をつくり上げ、維持するために尽力してきた同僚たちの経験や、私の教室で試行錯誤した経験から得たものです。

この本は、そのような文化を、特に必要としている学校に役に立つような形で共有しようと模索する私の探究の物語でもあります。新しい文化や倫理観を構築するには、最初の一歩を踏み出すことが必要です。そのためには、改革の方向性を示す方針、つまりビジョンがあるべきです。生徒たちの美しい作品と、それを後押しする環境をつくることへの情熱が、変化を引き起こす火花になれるということを、本書を通して共有したいのです。

私は「**美しい作品（beautiful work）**」という言葉を広い意味で使っています。最近、私のプレゼンテーションの冒頭に「美しい作品」という言葉が頻繁に出てくるので、あなたは美術の先生なのかと思っていました、と言われました。その時私が話したのは、数学と科学についてでした。小さな町の小学校の5・6年生にすべての教科を教える私にとって、どんな分野であれ質の高い作品は美しいものであり、その形容詞を使うことに違和感はありません。

私は、**質の高い作品は変容をもたらす力を持っている**と信じています。ひとたび、自分の力で素晴らしいものをつくり上げることができると知った子どもは変わります。自己イメージが変わり、自分の可能性をより感じられるようになるのです。そして、もっと良いものをつくりたいという気持ちが湧いてきます。一度そういった体験をすれば、そこそこの出来では満足できないハングリー精神を持つようになります。オースティンろう学校の先生たちがソニアに「他の学校の生徒たちは、自分の作品の質にそこまでこだわることはしない」と伝えた時、ソニアはすかさずこう答えました。「この学校に通い始めてから、私はすっかり変わりました。完璧だと思えるような出来でないと、満足できなくなりました。作品に誇りを持ちたいのです」

私が学校や教育区を対象に行うコンサルティングでは、クラフトマンシップという倫理観が与える力と誇りを共有することに焦点を当てています。生徒の多くが、質より量にこだわる学校のランニングマシーンに乗せられていると私は感じています。生徒たちは毎日次から次へと課される膨大な提出物に追われています。一方で、先生もその質の低い多くの課題を添削することに忙殺されています。生徒に返却された提出物は、往々にしてゴミ箱行きになり、生徒自身や周囲の人々が誇らしく思うような、心に残る意味深い作品は稀です。学校は、課題の量よりも、最終成果物の質を大事にするように変わる必要があります。

私の大工仲間には建築家をバカにする人もいます。私自身は建築家の友人もいて彼らを尊敬していますし、私の授業で生徒のデザインにフィードバックをしたり、知見を共有してくれた多くの建築家たちには本当に感謝しています。ただ正直なところ、私も大工の仕事をしている時に昼休みになると、建築家への文句大会に参加することはあります。その中身は大体こんな感じです。建築家は自分でその家を建てるとなったらこんなおかしなものを設計するはずがない。大工だったらどんなものが適切かを理解しているのに、建築家は何もわかっていないのだ。彼らにあるのは実用的な知識ではなく、空想上のアイディアだけだ。

一方で、建築家たちも「大工叩き」をします。大工が設計図通りに建てると思ってはいけない。彼らは自分たちの方がよくわかっているからと、勝手に変更を加えたり手抜きをしている。大工は、自分たちが慣れているものに固執し、デザインにおけるイノベーションや創造的なアイディアを嫌っているのだ。

どちらが正しいのでしょうか？　大工と建築家、どちらの言い分も大切です。どちらの意見にも真剣に耳を傾け、受け止めるべきです。建物を建てる際には必ず両方の意見が必要なのです。

国の教育についての対話にも、同じことが言いたいのです。学校をよくするためのアイディアに溢れた設計者には事欠かない一方、現場にいる教師と対話しようとする人は皆無です。教育政策の立案者はメディアで注目されるのに、教師の声は全く取り上げられません。本書を執筆したのは、教育改革の対話に教師という少数派の声を届けたいからでもあります。

私の考えが他の人の声を代弁しているというつもりはなく、本書のアイディアはあくまで個人的な視点です。でも、私の視点が建築事務所ではなく、建築現場からの声であることは確かです。エクセレンスの文化に根ざした教育という目標を共有していても、本書で紹介する方法は、新聞の見出しや選挙演説で見聞きするものとは全く違うかもしれません。教師であれば誰でも知っていることですが、テストや学習基準やカリキュラムを義務付けても、子どもたちから学びたいという気持ちを引き出すことができなければ、それらは何の意味も持たないのです。

大工の仕事をする時、現場に着いてまず行うのは工具箱を開けることです。教育のコンサルタントとして新しい学校を訪れる時、最初に行うことも同じです。教育の場面で使うさまざまな手法が入った箱を開けるのです。

ただし、その中に学校改革のための設計図は入っていません。既に述べたように、学校の状況は多様で、エクセレンスを追求する教育の形は一つではないからです。設計図の代わりに、私が長年にわたって自分で開発したり、あるいは教員仲間から拝借したさまざまな手法を共有します。少なくともそのうちのいくつかが役立つことを願っています。私が提供する手法とは、例えば**戦略**、**モデル**、**メタファー**です。これらの手法をどのような文脈で使えばいいのかを理解し、実際に役立つものにするために、私の教室で起こった事例もたくさん紹介します。

本書では、これらの手法を3つの「工具箱」に分類し、順番に紹介していきます。

最初の工具箱にあるのは「**学校にエクセレンスの文化をつくる**」ための手法で、第2章で見ていきます。生徒の思考や作品の質を上げようとする戦略はどれも、エクセレンスを追求する作品をつくることに価値を置き、そのための努力を支援するコミュニティを必要とします。

2番目の工具箱はことさら大きく重いもので、「**エクセレンスを追求する学び方**」がテーマになっています。第3章でとりあげるこの工具箱は、私がコンサルタントとして学校を訪れる際に最もよく使うもので、生徒の思考や作品の質を上げるための実践的な手法が詰まっています。

3番目の工具箱は「**エクセレンスを教える**」というテーマで、第4章で見ていきます。教育改革では「どんな先生でも教えられるカリキュラム」が人気ですが、これは教師を、あたかもガソリンスタンドで車に給油する店員と見なすのと同じです。「教える」とは、生徒の脳に単にカリキュラムの内容を「流し込む」ことではないのです。学校の教室で学んだことがある人なら誰だって、つまらない授業とワクワクする授業には明確な違いがあることを知っているはずです。

本書では必要な情報を参照しやすくするために、さまざまな手法を3つの工具箱という形で整理しましたが、実際にはそれらは密接に絡み合っています。私は学校でコンサルタントとして働く際、これらの工具箱のアプローチや手法のどれかが、その一部だけでも、役に立つことを願っています。本書でも同様の思いを胸に、私の学校教育についての視点や手法を共有していきます。

工具箱を開ける前に、私が考える「クラフトマンシップ」と「エクセレンス」というビジョンについてお話しします。第1章は、このビジョンを教育関係者と共有することを目指す、探究の物語です。

第1章　エクセレンスの収集家

生徒の作品が示すもの

ある雪模様の金曜日の夜11時半、閑散としたピッツバーグ空港のターンテーブルで、私は祈るような気持ちでいました。最後の手荷物が出てきたのはもうしばらく前のことで、周囲には乗客が一人もおらず、受け取り手のいないスーツケースがぐるぐると回っていました。「少なくともターンテーブルがまだ動いているから、望みはある……」と思った途端に機械は止まり、空港は容赦ない静寂につつまれました。私は一人立ちすくんで頭を振りました。

荷物はどこかに行ってしまったのだろうか。それはあってはならないことでした。明日の朝9時に、教育がテーマの会議で基調講演をすることになっており、必要なものはすべて預けた手荷物に入っていました。私は呆然としてターンテーブルが再び動き出すのを待ちました。こんなことになるなんて。

私は有名人ではありません。明日の会議に私を知る人はいないでしょう。私は、マサチューセッツ州の人でさえ誰も聞いたことのないような、小さな町の公立小学校の教師です。それなのに講演者として招待されたのは、私が会場にいる人々の関心を引くような特別なものを持っていたからです。生徒たちが制作した心に残る作品を集めた、黒い大きなポートフォリオや、目を見張るようなプロジェクトが収められた１４０枚のスライド、そして生徒が自分の学びについて発表している様子を撮影したビデオテープ。それらがアメリカのどこかの空港に紛れ込んでしまったのです！

生徒たちの作品を紛失するなんて、あってはならないことです。私の所持品の何よりも大事な、かけがえのないものでした。私の生徒、そして卒業生たちはどんなに怒り、がっかりすることでしょう。未来の生徒たちのモデル（模範となる作品）がなくなってしまったことにもなります。そして今現在、明日の講演で見せるものも何もないのです。私ははいていた古びたジーンズとブーツを見つめました。いよいよとなればこの服装で講演をするしかない。場違いでしょうが、スライドを見せ始めれば聴衆は私には見向きもしないでしょう。でもポートフォリオがなければ講演に行く意味はありません。家に帰ったほうがいいくらいです。まさに悪夢でした。

手荷物受取所で女性スタッフが「ご迷惑をおかけして申し訳ありません。でもご心配なく。ほとんどの荷物は必ず見つかりますし、９割は24時間以内に見つけることができますから」と言いながら、小さな灰色の歯ブラシと歯磨き粉１回分のチューブが入ったビニール袋を差し出しました。「使い捨てのカミソリもお入り用ですか？」私は返す言葉もなく彼女を見つめ、そして歯ブラシを見つめました。こんなことがあるはずがない。呆然としたまま、歯ブラシ入りの袋を持って空港の外に出ると、雪が降るなかシャトルバスに乗り込みました。運転手が「お荷物は？」と声をかけてきました。

その夜、私は眠ることができませんでした。リュックサックしか手元にないまま、ホテルの狭い机に向かって、その日に提出された生徒たちのエッセイを一晩中読んでいました。胸がドキドキして気分が悪くなるほどでした。

その日は金曜日で、学校では生徒たちが落ち着きなく、行儀がいいとはいえない振る舞いをする子もいたりして、焦りと苛立ちを感じた一日でした。充血した目で生徒たちのエッセイを読んでいると、すべてひどい出来に見えてきます。この時期にまだこんな文章を書いているなんて、私の教え方が悪いのではないだろうか？　明日の講演で見せるべきものがないばかりか、講演をする資格さえなかったのではないだろうか？　私は教師として失格だ……。

午前3時頃、5年生の女の子が書いた生き生きとした作品を読んで、私ははっとしました。そしてその作品を何度も読み返しました。彼女が自分で書いたとは信じられないほど、力強く刺激的で、洗練された文章でした。誰かに助けてもらったのだろうか。いや、彼女が授業中に書いているところを見たのでそんなはずはありません。それはまぎれもなく彼女の作品でした。

彼女は学習障害があるものの、素晴らしい表現力を持っていました。自信を持って明確に話すことは苦手ですが、紙の上では別人のようです。彼女の書く散文は叙情的で、詩を読んでいる気持ちになります。彼女のスキルは知っていましたが、この作品はまた格別で、まるで歌のようです。私は作品をじっと見つめ、思いがけない贈り物を受け取った気持ちになりました。この作品のコピーをとっておいて、今教えている生徒たち、そして未来の生徒たちにモデルとして見せたいと思いました。この作品は、生徒たちが目指すべき文章の基準になるでしょう。私は束の間、悪夢から解放された気持ちでした。

私は生徒の作品をかばんにしまい、ベッドに横になって枕元の電気を消しました。そして着ていた服のまま、ホテルのベッドカバーの上で何とか眠りについたのでした。

朝の5時半過ぎ、ドアをノックする大きな音ではっと目が覚めました。暗闇で自分がどこにいるのかわからず、よろめきながらドアを開けると、にこやかな笑みを浮かべた制服姿の青年が私の荷物を持って立っていました。私は呆気に取られていて、チップを渡すべきだと気づいた時には彼は既に去っていました。財布の中の現金では足りないくらい、チップをたくさん渡すべきだったのに。

髭を剃っていると、自分の目が赤いのに気づきました。大工仕事で角膜を傷つけて以来、目の炎症を起こしやすくなってしまい、ほこりや煙、乾燥ですぐしょぼしょぼします。一睡もできなかった日は廃人のような目になってしまい、目薬も効きません。普段はそんな顔で人に会うのは気が引けるのですが、今朝はそんなことは気にも止めませんでした。ポートフォリオを取り戻したのです！　それがすべてでした。私は鏡の中の自分にた疲れた顔で微笑みかけました。

会場に着くと、黒のビジネススーツを着たスリムな白髪の女性が出迎えてくれました。彼女は教育長とのことでしたが、名札の名前に見覚えはなく、私をこの会議に招待して連絡を取り合っていた人ではありませんでした。彼女は自己紹介をして、私に「Dr. Berger」と書かれた名札を手渡しました。私は少し気後れして、博士号は持っていない、一介の教師ですと伝えました。彼女は少し慌てて、「新しい名札をつくる時間がないのですが……。大学の方ではありませんでしたか?」と尋ねました。「博士号をお持ちでない? 私は講演の際にあなたについてご紹介することになっているのですが、どのようにご説明しましょうか?」私は小学校の教師で大工もしていますと伝えると、彼女はさらに狼狽して、一度立ち去りかけ、振り向いて「ご自分で自己紹介していただけますか?」と私に尋ねました。もちろん、と答えました。彼女の少し無礼で上から目線な物言いも、気になりませんでした。私には生徒のポートフォリオがあるのです。すべてはうまくいくはずです。

私は壇上に上がり、大勢の聴衆の顔を眺めながら「マサチューセッツ州の公立学校で教えています」と自己紹介しました。見えるのは、疲れて懐疑的な表情ばかりでした。会場は、本当なら土曜日の朝に家で家族と朝ごはんを食べていたいのに、会議に駆り出された先生や校長先生でいっぱいだったのです。会議は、本来の役割を果たしていませんでした。彼らは、新しいことを学びたいとワクワクして自ら申し込んだのではなかったのです。この会議はいくつかの教育区を対象に開催され、教職員は義務づけられて、もしくはほとんど義務のように強く勧められて参加していました。いずれにせよ、聴衆に笑顔はありませんでした。

話し始めてすぐ、最前列の人たちの目が眠そうにぼうっとするのがわかりました。まだいびきをかいている人はいませんでしたが、それも時間の問題でしょう。しかし、会場を暗くしてスライドを見せ始めると、魔法のように雰囲気が変わりました。聴衆は私の話を聞きながら座り直し、お互いに小声で囁き始めたのです。スクリーンを指差したり、話を遮って質問したりする人もいました。まるで会場に電気が走ったようでした。生徒たちの作品には見過ごせない魅力があったのです。

同僚のケン・リンゼイ先生のクラスの3年生がつくった、地元の両生類についての野外観察ガイドをスライドで見せると、人々は驚いて息をのみました。信じられないほど美しい作品だったのです。「小学3年生ですか？」と誰かが声をあげました。「本当に3年生？あなたの学校は才能に恵まれた子ども《ギフテッド》が通う学校なのですか？」私は3年生と4年生が行った両生類の研究について、さらにスライドで説明しました。生徒たちが集めた情報、作成した生息地図、州に報告したデータなどです。また、サンショウウオが安全に移動できるように道路下につくられた世界初のサンショウウオ・トンネルや、生徒たちがデザインして州が作成した「サンショウウオが通ります」という道路標識も紹介しました。

続けて、6年生が地元の大学の研究室と協力して行った、町のラドンガス（希ガス元素の一種で、放射性をもつ気体）を調査した科学プロジェクトについて発表しました。スライドでは、生徒たちが町の住民を対象に行ったアンケートや調査キットを準備する様子、作成したパンフレット、結果のデータ分析のためにエクセルの使い方を学ぶ過程、そして町に提出したラドンガスに関する最終報告書の一部を紹介しました。この報告書はマサチューセッツ州で初めての包括的なラドンガス分布図となり、メディアに取り上げられました。その結果、私の町だけでなく州の他の町や、州や連邦政府のラドンガス委員会からも、報告書を送ってほしいという要請があったのです。生徒たちはこうした質問や要請に対して個別のカバーレターを作成したり、報告書のコピーを送る作業に追われ、教室はまるで非営利団体のオフィスさながらでした。作業はすべて生徒たちによって行われました。データを分析し、報告書を作成し、問い合わせに対応し、学校に電話があったらオフィスに行って、電話をかけてきた相手（ラドンガスについて心配になった家族、町の弁護士、マスコミ、不動産業者など）と話す……。これらすべてを、生徒たちが運営していたのです。

「そんな大事なことを子どもたちに任せるのですか？」との質問に私はこう答えました。作品の正確さや質を高めるために、時には授業でかなり厳しいことを言う必要があるのですが、今回は様子が違いました。このプロジェクトでは生徒たち自身が、ミスをすることを非常に恐れていたからです。自分たちの計算に少しでも間違いがあったら、町に住む人々の安全が脅かされるかもしれないということをよく理解していたのです。報告書の文章に間違いがあったり、統計にミスがあったりしたらどうでしょう。間違った報告書を信じて、引っ越しを決意する家族がいたり、不動産の価格に影響があったりしたら、学校が訴えられるかもしれません。生徒たちは計算が正しいか、スペルミスがないか、適切な表現で論理的に書けているかどうかを20回以上も確認し、私にももう一度確認してほしいと頼みました。これは練習問題ではなく、世界にとって重要な問題を解決するリアルなプロジェクトだったのです。最高の出来でないものは受け入れられませんでした。

他にも、幼稚園児から小学6年生までの生徒たちによる、さまざまなプロジェクトを紹介しました。私の学校の生徒たちが制作した作品はどれも美しく、インパクトのあるものでした。これらの作品を紹介する機会を得たこと、そしてこのような作品を生徒たちから引き出す同僚の先生たちと働けることを誇らしく感じました。

あるスライドの途中で、前列に座っていた男性が質問しました。「ちょっと待ってください。子どもの作品とは思えないのですが」それは家の設計図（鳥瞰図）でした。建築界の標準である1フィート＝1／4インチの縮尺で、製図用鉛筆、消しゴム、インク、建築用定規、テンプレート、直角定規など、プロが使う道具で描かれていました。字体は建築家がよく使う手描きのブロック体フォントで、とても精密で綺麗にそろっています。設計図には家具なども描き込まれていて、プロ仕様の色鉛筆で塗られていました。カーペット、タイル、カウンター、フローリング、家具はすべて生徒が選び、デザインしています。

南西部スタイルのラグが敷かれていて、キッチンにはセラミックタイルが使われ、バスルームや温室、先住民族ナバホのパターンでデザインされた家具までありました。温室には噴水があり、ブルー、アクア、ホワイトの泡模様で美しく彩られています。

私は質問をした男性に答えました。「たまたま今日、この設計図の原本を持ってきていてよかった。初期の草案も5、6枚あります。ご興味があれば講演の後に、この作品がどのように生み出されたか、その過程をご覧いただけます」

聴衆の大半がアフリカ系アメリカ人の教育者だったことは、いろいろな意味で幸運でした。私が悩みながら試行錯誤したことや、生徒たちが素晴らしいものを生み出した時に感じた喜びを話した時、他の聴衆と違って静かではなかったからです。彼らは共感や同意を拍手したり称賛の声を上げたりすることで示してくれ、異議がある時も声を上げて知らせてくれました。会場は賑やかで活気に満ちていました。

一方、彼らが聴衆であるがゆえの難しさもありました。彼らが最初に気づくのは、登壇者が白人であるということです。私はスーツを着た白人で、生徒たちの多くも白人です。私が彼らの状況を理解できるわけがない、と思われても仕方がありません。私と彼らの共通点を見出し、明確に示す必要がありました。私たちを結びつける共通の何かがあることは確かです。そこにいた聴衆が人生をかけて成し遂げようとしているものは、私と同じだからです。その過程で同じように焦りや迷いを感じ、成功した時には同じように喜びを感じているはずです。私は、彼らとこの共通点によってつながろうとしました。彼らに、私の経歴や環境のおかげで生徒が素晴らしい作品を生み出せるのだとは思ってほしくありません。

「黒人の生徒はいないのか？」と声が上がります。「みんなお金持ちの白人の子どもたちだろう！」

「おっしゃる通り、生徒の大半は白人です。しかし、お金持ちの家庭の子どもではありません」私は町のスライドを見せました。私の町には、お店も信号もありません。私の家の前の道も含め、町の道路の3分の2以上は舗装されていないので、一年のうち大半は四駆の車でなければ学校に通勤できない状況です。今年は国勢調査の年で、調査員が町に来た時、道の泥がひどくて彼女の車は使い物にならず、馬に乗って家々を回る写真が地元紙に掲載されました。

　人々の住宅の他にあるのは7つの建物だけです。ニューイングランド地方でよく見られる古い白い教会、郵便局（小さな白い家）、タウンホール（二つ部屋があるだけの古い校舎）、とても小さな図書館、消防ボランティアが集まる小屋、1軒のバー、そして学校。それだけです。たくさんの美しい木々や小川、湖もありますが、ここはビバリーヒルズではありません。

「あなたの世界は知っているわ！」会場の奥から大柄な女性が叫びました。「田舎ってことね！　私たちは田舎を知ってるわよ！」彼女が笑い、聴衆も笑顔でうなずきました。

彼らとつながりができてよかった、と思いました。これから見せるスライドは、私たちの違いを一層際立たせるものだったからです。

「あれが教室？」ある女性がスライドを指差して、友人たちの座る列に顔を向けました。

「まさか、あれが教室なわけがない！」

私の教室に固定の机はありません。生徒たちが授業を受けたり作業をしたりするための折りたたみのテーブルはありますが、このスライドではテーブルはすべて壁際に片付けられていました。子どもたちは床のラグに輪になって座り、グループで話し合いをしています。教室には、私がデザインして地元の木材でつくった家具、生徒の彫像や模型や本を置く棚、生徒がつくった製図をする時に使う照明付きテーブルが置かれています。天井からは植物が吊り下げられ、壁一面に生徒の色彩豊かな作品が掲示されています。また、大きな水晶や化石や亀の彫刻などが飾られていて、教室の一角には読書のためのソファがあります。部屋の中央には木材で周りを囲ったバスタブがあり、その中には岩や植物、小さな滝、流れる水の中で泳ぐ亀がいます。

先ほどの女性は首を横に振って言いました。「これは科学博物館か図書館みたい、教室ではないわ。公立の学校とおっしゃっていましたよね？」

私は説明しました。私がいるのは、この教育区で唯一の小さな学校なので、私たち教師はみんなで話しあって意思決定をすることができるのです。私たちは、教師がそれぞれ自分の教室を好きにデザインしてよいと決めました。通常の机を置いている教室もあれば、私と同じく折りたたみテーブルを使う教室もあります。いろいろなものが美しく配置され綺麗に整頓されているのは、私自身がこうしたいからです。少しこだわりが強いことは確かです。生徒たちは教室を整頓して美しく保つために協力してくれます。私は3・4年生を教える同僚のケン先生の教室の写真を見せました。彼の教室はより一層、学校の教室には見えません。いたるところに池の生物でいっぱいのガラスの水槽が置かれていて、床には池の水が入った白いバケツ、壁には季節によって出現する池や湿地が記された巨大な町の地図があり、生徒たちは網や瓶をかついで歩き回っています。

確かに見た目は相当変わっていますが、普通の公立学校で、この町で唯一の学校なのです。

アフリカ系アメリカ人の上品な若い女性が、校長をしている者ですと名乗った後、生徒たちの作品や私の学校教育についての考えに対して、好意的なコメントをしてくれました。「本当に素晴らしい作品ですね。確かなスキルを感じさせます」そして、彼女は重要な質問をしました。「でも、これはあなたの学校で一番優秀な子どもたちの作品なのではないですか？　実際に学校を訪ねていかなければ、子どもたちの本当の様子はわからないのではないでしょうか」

「実にもっともな、的を射たご質問です」と私は答えました。「実際のところ、私の言葉を信頼する理由もないでしょう。ぜひ私の学校を訪ねてきてください。生徒たちは喜んでポートフォリオをお見せするでしょう。今日のところは、これからお見せするスライドがご質問の答えの一助になるかもしれません」

私は、学校での生徒たちの制作の過程を物語る、おそらく最も貴重な資料を紹介しました。スライドには、6年生のジェニーが一つの作品を生み出すのにいくつもの段階を経て、草案を何度もつくり直し、奮闘した様子が収められています。ジェニーと彼女の母親は、作品だけでなく家庭の様子も撮影することを快く許可してくれ、講演の場で彼女について率直に話すことに賛成してくれました。

最初のスライドは洞穴住宅の断面設計図です。先ほど紹介した設計図と同様、素晴らしい出来の作品で、学業が優秀な子どもによるものに見えるかもしれません。実は、ジェニーは特別な支援が必要な生徒です。次のスライドでは、この生徒の背景について簡単に説明しました。

スライドには、古いグレーのスウェットを着て笑っている長い茶色の髪の少女の写真が映っています。錆びたトラックの荷台に座ったり、森の小さな家畜小屋で馬に餌をやったり、ウサギ小屋のそばにしゃがんでいるジェニー。彼女は町で最も人気のあるベビーシッターの一人でもあり、稼いだお金で餌を買って、動物の世話をしています。学校以外の場所では、ジェニーは自信に満ち溢れ、創造力があり、礼儀正しく、責任感のある働き者で、いわばスター的な存在です。ベビーシッターの才能と頼りがいにかけては彼女の右に出る者はいません。

しかし、学校ではジェニーは苦戦しています。学習障害があるため、読み書きや計算を容易にこなすことができず、時には涙を流すこともあります。でも私は、ジェニーの不屈の精神を見るにつけ、彼女の先生でよかったと感じます。別のスライドでは、図書室に展示されている本の隣に立つ1年生の頃のジェニーを見せました。これは彼女が初めて書いた本でした。大変な苦労の末にできた本の隣で、ジェニーは背筋を伸ばして誇らしげに立っています。

次のスライドで、6年生のプロジェクトで制作した最初の草案を見せると、聴衆は静かになりました。草案は雑然としていて、洗練されているとは言えないものでした。作品のコンセプトや空間的な表現も混乱していて、何が描かれているのかさえわからなかったのです。ジェニーはこの草案を恥ずかしい出来だと感じており、私にクラスの批評の時間に掲示しないでほしいと涙目で頼みました。私は了承し、友達のニコルから個人的に批評をしてもらうように伝えました。

続けて、ニコルの助言とサポートを受けて制作された二つ目の草案を見せました。この草案では断面という概念に対する一定の理解が見られ、よりわかりやすく計画的に描かれていました。この草案には前よりも自信があったため、ジェニーは次の批評の時間に草案を掲示する気になりました。次のスライドで示す3つ目の草案は、クラスの仲間からのフィードバックを受けて制作したものです。ところが、批評の時間で「二つ目の草案の方が良い」と言われてジェニーは腹を立ててしまいます。新しくつくった草案なのに、前のより良くないなんて！　しかし、新しい草案が必ずしも前の草案より良いとは限りません。

ジェニーは気持ちを切り替えて、4つ目の草案に取り組みました。

ジェニーは第2案と第3案の最も良いところを取り入れて第4案をつくりました。第4案はかなりよくできていました。明確で機能的なレイアウトになっており、岩の陰影は丁寧に描かれ、部屋の名前もきちんと書かれていました。この段階になって、ジェニーは私にこう言いました。「B先生、もっと綺麗な字を書きたいのです。先生はカリグラフィーを教えているでしょう。ごく短い時間で私に教えてくれませんか？」私は、ジェニーに「ごく短い時間で」教えるのは難しいよと言いつつ、教室のライト付きテーブルでカリグラフィーのシートをなぞって練習するようにと伝えました。4日ほどなぞり書きをしてみると、彼女の字は驚くほど綺麗になりました。次のスライドは、彼女が練習した後にフリーハンドで書いたものです。

次に示した第5案が最終案でした。素晴らしい図面になっただけでなく、整然とした綺麗な文字で書かれていて、とても美しい作品に仕上がっていました。聴衆はここで、最終案は冒頭に見せられたのと同じ図面であることに気づきました。でも、さきほど見た同じ図面が今は違って見えていたのです。5分前に彼らが見たのは、才能ある名もない生徒がつくった作品でした。しかし今や、生徒たちがプロジェクトに取り組む過程でどれほど苦労し、成長したかを目の当たりにしたことで、私がこの午前中をかけて紹介した質の高い作品は一部の才能ある生徒や特別に選ばれた生徒によるものでないことを理解したのです。それらの作品は、生徒が目の前の草案に一心に取り組み、仲間の批評や応援を受けて次の草案に生かしていく、その過程の賜物でした。一人ひとりが汗を流し、心を込めてつくり上げたものなのです。これらの作品は、自分ができると思っていた以上のことを成し遂げる力を引き出す、学校の文化と倫理観を何よりもよく反映しています。

小さな町の学校で教える利点の一つは、卒業生の進路が耳に入りやすいことです。学業に困難を抱える多くの生徒と同じように、ジェニーの学習障害が成長とともに魔法のように消えるということはありませんでしたが、それでも彼女は不屈の魂を失うことなく、周囲のサポートを受けて頑張り続けました。８年生の時、ジェニーは地元の新聞社が主催するグラフィックデザインのコンテストで優勝したのです。彼女が電話で知らせてくれた時、嬉しさで涙がこみあげました。９年生の時には通っていた高校を１日休んで、私のクラスの洞窟探検の遠足に同行し、脳性まひの生徒の付き添いを手伝ってくれました。学習障害がある生徒の大学進学率はあまり高くないのですが、ジェニーは高校を卒業すると大学に進学し、マサチューセッツ大学ストックブリッジ校の農学部で学びました。去年の５月に私は彼女の大学卒業パーティーに出席し、とても誇らしい気持ちでいっぱいでした。

ピッツバーグの教育会議での講演が終わると、私は学校管理職を含む先生たちに取り囲まれ、意見を交わしました。私たちには共通の目的があるのだという考えに私は勇気づけられました。講演が始まる前、私に自分で自己紹介をしてくださいと言った教育長の姿はどこにも見えませんでした。代わりに多くの称賛の声が寄せられ、私は必ず子どもたちにそれを伝えると約束しました。彼らこそ褒められるにふさわしいと思います、と私は言いました。実際にそうなのです。

帰りの飛行機に乗り込む際、今朝、明け方にホテルの部屋まで荷物を届けてくれた配達員を思い出して微笑みました。チップを渡すことに気が回るくらい目が覚めていれば……。

生徒の成長の証し

講演の場で生徒の作品を紹介しても、それだけでは不十分なことがあります。ある夏の夜、デニー・ウルフから電話がありました。彼女はパフォーマンス・アセスメント・コラボレイティブ・フォー・エデュケーション（ＰＡＣＥ）という研究グループを運営しており、私のメンターでもあります。評価の専門家であるデニーは、生徒のポートフォリオをもっと有効に活用する方法を提案してくれました。本校がＰＡＣＥのネットワークに参加できたのは大変幸運なことでした。今回はデニーが私に頼みごとがあって連絡をくれました。ＰＡＣＥに助成金を提供している財団がプログラムの見直しをするため、生徒の学力が向上しているという成果を示してほしいと言ってきたのです。デニーから、本校の生徒の作品を会議で発表してもらえないかと依頼されました。

　私は、夏休みの間の大工仕事で家の増築工事をしていましたが、一緒に仕事をしている大工のパートナーに1日休む許可を得て、デニーに「もちろん」と返しました。翌朝、自分のトラックから工具やのこぎりを取り出し、代わりに生徒のポートフォリオや発表のスライドを満載して、ケンブリッジまで車を走らせました。私はこれまでの講演の経験から、今回も、疑り深い人たちは最初は私の話にほとんど興味を示さなくても、ひと目、作品を見れば態度を変えるだろうと思っていました。それがいつもの展開だったからです。作品を見た人たちは必ず、良い作品を生み出す過程に心からの興味を示してくれ、そこから有意義な対話が始まるのがお決まりになっていました。

　でも、私は間違っていました。この日は最初から最後までチャレンジの連続でした。

　私は高い料金が取られる駐車場にトラックを置き、生徒たちのプロジェクト資料が入った箱やかばんを持って、混雑した通りをよろよろと歩きました。ハーバード大学のキャンパスに着くと、豪華な会議室に案内されました。そこでは優雅な昼食会が準備されており、身なりの良い人々が座って話をしていました。私はどう使えばよいのかわからないほどたくさんのフォークが並べられたテーブルに案内され、生徒たちの作品の入った箱やかばんは、邪魔にならないように部屋の隅に運ばれていきました。自分の席につき、膝の上の自分の手を見下ろしました。汚れをこすり落としたはずの手は、金属板の切り口で傷つけられ、屋根用のタールで変色していて、もっと塗料のうすめ液を使って綺麗にしておけばよかったと後悔しました。そのテーブルの上には、生徒たちが創作した物語や科学のレポート、数学のグラフ、設計図、ポスター、模型などを広げる場所がありません。生徒たちのポートフォリオが入った箱や発表のスライドは隅に置かれたままです。私は一体ここで何をしているのだろう？

私は昼食会の間、なるべく手を膝の上に置いて静かに座っていました。すると、突然話が私に向けられました。そのとき壇上では当時ロックフェラー財団にいたヒュー・プライス氏が学校教育の水準について、スポーツに例えて雄弁に語っていました。おそらく彼自身、学業でもスポーツでも成功したのだろうと考えながら聞いていると、プライス氏は学校のレベルアップについて走り高跳びの「バーを上げる」という表現を使って説明した後、私の方を見て話しかけてきたのです。「デニーから、あなたの学校では過去15年にわたって、生徒のポートフォリオを評価に使っていると伺っています。そこでお聞きしたいのですが、15年前に比べてテストの点数はどうですか？」

私は会議室の豪華な壁紙に立てかけてある生徒のポートフォリオに悲痛な思いで目を向けて、テーブルに視線を戻しました。そして、どう返したらいいのか迷いながらも、こう答えました。「プライスさん、生徒たちの標準テストでの成績は良いですよ。しかし、本日は違う形で成果をお見せしたいと願っていたのです」

「ポートフォリオを使った生徒の評価が学校のレベルアップに役立つかどうかを判断するためには、その成果を数値で示してもらう必要があります」とプライス氏は言いました。

「走り高跳びではどれだけ高く跳べるかを測ります。標準テストも同じで、点数が基準になり、それがなければ判断できません」

私は返答をためらいました。本当は「その例えは間違っています」と言いたいところでした。「バーを上げる」というのはよく聞かれる表現ですが、私たちが生徒に育んでほしいと思うさまざまなこと（人格、学習に対する倫理観や態度、学力、理解力、思考力、社会的な倫理観、多様なスキルなど）は、1本の棒を飛び越えられたかどうかを測定して評価できるようなものではありません。でも、そう言う代わりに私はこう答えました。

「プライスさん、具体的な成果を示すことを求められているのは理解しています。保護者、地域の人々、政策立案者など、みんながそれを求めています。私たちは、テストの点数だけが、成果を示す証拠だと信じるようになってしまったのです。しかし私は他にも成果を示すための重要な方法があると考えています。それはテストの点数より重要です。私にご説明の機会をいただけませんか？」

テーブルの上の皿やグラスを片付けて生徒の作品を置くスペースをつくることはできそうになかったけれど、デニーが助け舟を出してくれました。彼女は会場にビデオデッキを手配していたのです。作品そのものを見せることができなくても、生徒たちが作品をつくっている様子を紹介する短い動画を見せることはできます。私は、10分だけいただけますかと頼みました。

動画が始まり、骨折した手にギプスをはめて静かな笑みを浮かべる小柄な6年生の女の子、ジェイミーが映りました。彼女は卒業のための要件であるポートフォリオの最終発表会で、自分の作品と学びについて発表していました。彼女の発表を審査するのは、秋に進学予定の中学校の先生、地域の人々、教育委員会のメンバー、そして他校の教育関係者です。あらゆる教科の作品を集めたポートフォリオを作成し、審査員の前で自分の能力やスキルについて発表することを卒業の条件とするのは、私たちが発明したやり方ではありません。デボラ・マイヤー先生が校長を務めるハーレムのセントラルパーク・イースト校や、テッド・サイザー氏が率いるエッセンシャル・スクール連盟のメンバー校など、多くの学校がポートフォリオを使った評価を先駆けて導入していました。

　動画では、ジェイミーが発表する間に、友人でアシスタント役のメラニーが審査員に作品を手渡したり、展示板に作品を掲示したりしていました。ジェイミーの発表がとても魅力的だったのは、彼女がオールAの成績優秀者だったからではありません。他の生徒たちと同様、彼女にも得意・不得意がありました。いつも一生懸命に勉強していましたが、特に文章を書くことには苦労していました。ジェイミーの発表が素晴らしかったのは、自分が得意とすることや、まだ成長の余地がある部分、そして目指すべきところを鋭く分析した上で理解しており、落ち着きと誇りを持って発表していたからです。彼女の学びへの姿勢は真剣そのもので、何枚もの草案を経てプロジェクトを仕上げており、学習に取り組む態度は周囲に感動を与えました。ジェイミーは最終稿となった美しい作品を披露するだけでなく、それより前の草案で良くなかったところや、改善のために試行錯誤したことについても説明していました。彼女の創作物は、建物の設計図、子ども向けの科学の本、小説の人物研究、数学と金融に関する課題、ビジネスレター、美術の作品など多岐にわたっており、審査員からの質問にも、丁寧に、そしてユーモラスに答えていました。

10分後に動画が終わると、会場は静寂に包まれました。ヒュー・プライス氏は満面の笑みで振り向いて、「確かに、これは強力な証拠ですね」と言いました。「もし、アメリカ中の小学生がこのように自分を表現できたら、アメリカの教育には何の不安もありません。とても感銘を受けました」

同じテーブルに座っていた多くの人が、ジェイミーの発表を見れば、誰もが彼女を自分の会社ですぐにでも採用したい、あるいは私立の名門校に入学させたいと思うだろうと話していました。ある男性は、名門校に通う自分の息子がジェイミーの半分でも落ち着きと洞察力を持ち、彼女のように自分を表現できたら本当に素晴らしいのだが、と感心していました。

でも、会場のすべての人が納得したわけではありませんでした。模範的な生徒を選んで学習の効果があったと主張することは簡単だが、その一人の生徒で学校を評価することはできない。あるいは、これは恵まれた白人の学校の事例であって、貧しい都市部の学校では同じ効果は見込めない、という意見もありました。ある男性は、こういった発表は演出やリハーサルで簡単につくり上げることができるもので、まったく信用できないと言いました。

私は、本校が特に恵まれた学校というわけでもなければ、ジェイミーが特に優秀な生徒というわけでもない、と説得することにどれだけ意味があるだろうと考えました。あの動画が彼らの心を動かさないのであれば、私が言葉を尽くしても難しいでしょう。その時、別の考えが浮かびました。この会議は2日間にわたるものでした。私はデニーと話して、翌日の会議で実際に私の学校の生徒たち何人かに会って質問する機会をつくったらどうかと相談してみました。生徒の作品という「証拠」について直接確かめることができるでしょう。翌日は忙しいスケジュールが組まれていましたが、昼休みのあいだ隣の部屋に生徒の作品を展示することになりました。その時間に生徒たちは自分の作品を発表し、会議の参加者は誰でも見学して生徒に質問できることになったのです。

そうと決まれば、明日までにたくさんやるべきことがありました。家まで運転して帰り、大工のパートナーにもう1日休むことを伝えました。そして、翌日にケンブリッジに一緒に行ってくれる生徒を探して電話をかけ、ジェイミーを含め4人の生徒から了承を取り付けました。夏休みの1日を、ハーバード大学での発表に使うのも悪くないだろう。そう考えながら、生徒たちの家を回って彼らのポートフォリオをトラックに積み込みました。生徒たちは私のトラックに乗り切れないので、町の牧師さんが翌朝、彼らを会場まで送ってくれることになりました。

ハーバード大学に到着した生徒たちは、よそ行きの服を着ていました。その服装が既に、あることを物語っていました。彼らはカジュアルなデザイナーズブランドの服を着たお金持ちの子どもたちではなく、都会を訪ねるのにふさわしく、一番きちんとして見えるような服装を考えて選んだ田舎の子どもたちなのです。彼らは少しパニック気味の様子で、私はそのことに驚きました。今までにも、学校を訪問した人々や家族や卒業発表会の審査員に対して自分の作品を何度も発表してきたのに、なぜ生徒たちは今回こんなに緊張しているのだろう？

生徒たちは「私たちの作品はどこ？」と必死であたりを見回し、展示会場のテーブルに置いてあるのを見せると、ようやく安心したようでした。彼らは作品を展示するためにあちこち動き回り、やっと一息つくと、自信に満ちた笑顔を見せました。私はハッと気がつきました。彼らは手元に作品がなかったからパニックになっていたのです。私も前に全く同じ状況になったことを思い出しました。自分たちの作品が手元に戻ってきたので一安心。準備は万端でした。

ここでは、大成功だった昼休みの展示会でのエピソードを一つだけ紹介します。展示会の途中で、会議の参加者のうち最も懐疑的だった人物、前日に「これはリハーサルや演出でなんとでもなる」と言ったあの男性が入ってきたのです。彼はジェイミーの姿を見て、テーブルに近づいてきました。

「ああ、昨日あなたの発表を動画で見ましたよ。ジェイミーですね。一つ教えてもらえますか？　動画ではとても上手に話をしていましたが、文章を書くのは得意ですか？」

ジェイミーは一呼吸置いて、下を向きました。そして「それは難しい質問です」と言いました。「少しお時間をいただけますか？」

彼は微笑みました。

「書くのが得意であるとは、さまざまなことを意味します。ええと、何から説明したらいいでしょうか」

ジェイミーは続けます。「小説でもエッセイでも、私は表現力はかなりある方だと思います。ストーリーのアイディアもいいし、自分の意見もはっきりと書くことができます。例えば、これはキャラクターを創作するプロジェクトですが、こちらは草案でこちらが最終稿です。エッセイの最終稿もこちらにいくつかあります。この草案の数や、修正の内容からもおわかりのように、少しでも良いものを書くために何回もやり直しています。

でも、文章を書くことにかなり苦労もしています。失読症なので、単語のスペルがどうしてもわかりません。これを克服するためにありとあらゆる方法を使っています。このビジネスレターの最初の原稿を見てください。単語を書くことが困難なので、句読点もうまく使うことができません。一つの作品の草案を何枚か見てもらえば、私の長所と短所がわかるかもしれませんね……」

男性はちょっと失礼しますと言って立ち去り、椅子を持って戻ってきました。そして、ジェイミーの隣に座って一緒に作品を読みながら、彼女が書き手として今まで歩んできた道と、次はどこを目指していくのかについて話し始めました。私は他の生徒の発表を聞くためにその場を離れましたが、しばらくして戻ってくると、二人はまだ作品を指さしながら、笑顔で語りあっていました。

この様子を見て、私は会議の参加者にポートフォリオの価値を理解してもらえたと感じました。PACEからの資金援助は継続され、私の生徒たちがその決断の一助となったことを誇りに思いました。

数年後、ジェイミーから高校時代に書いたエッセイが送られてきました。「人生を変えた出来事」というテーマのエッセイで、そこにはハーバード大学で自分の作品を発表するように頼まれた日のことが書かれていました。

エクセレンスのライブラリー

教師としての私の仕事の一つは、エクセレンスの歴史家であり収集家《アーカイバー》であることだと考えています。自分の学校でもそうですし、アメリカ中の学校を訪れる際にも、モデル（模範）となるような美しい作品、力強い作品、意味深い作品を常に探しているのです。

これらの作品は、生徒たちが学校でこんな素晴らしいものをつくりたいとイメージするのに役立ちます。私は、作品そのものや、写真、創作物のコピー、動画、ウェブサイトなどを集めてライブラリーをつくっていて、私も生徒たちもそれを参考にしながら授業に臨んでいます。

少しこだわりが強いように思えるかもしれませんが、生徒たちのこうした質の高い作品をとても丁寧に記録することは私たちにとって重要なのです。学校で生徒の作品をコピーしたりスライドに載せたりする時は、高品質のコピー機やカメラを使って、鮮明で実物に近い色合いや、太く読みやすい文字を出せるように工夫しています。クラスでプロジェクトを始める時に、過去の生徒の作品をモデルとして見せる際には、そのスライド自体の質も、私たちが求める基準を満たすように気を配っています。出張先では高品質のコピー機が使えないこともありますが、可能な限り明るいところで作品を撮影したり、できるだけ鮮明にカラーでコピーするようにしています。

私のライブラリーには、ジョージア州ディケーター市の小学4年生がつくった歴史的建築物の模型の写真があります。この作品は、高校生のプロジェクトのモデルにもなり得るほどの出来です。また、小学生によるアイオワ州ダビュークにある池のフィールドガイドは、書店で売られているものと同じクオリティです。メイン州ポートランドの職業訓練校の生徒がＣＡＤソフトを使って描いた家の設計図もあります。実は、これらの設計図をもとに生徒たちは実際に家を建て、その後安価な住宅を必要とする家庭向けに販売しました。

また、ボストンの都市部にあるハーバースクールの中学生がボストン港の島々を描いたカードや、アイダホ州ボイシーの幼稚園児が地元の鳥を描いたカードもあります。素晴らしい絵と丁寧なリサーチに基づいた文章で表現されているこれらの作品は、博物館やギフトショップで販売されています。

他にもさまざまな作品が私の手元にあります。メイン州の3年生が考案した統計のやり方。テキサス州の小学生によるモデルのような算数のプロジェクト、マサチューセッツ州ケンブリッジの8年生が書いた目覚ましい数学の考察と説明。アメリカ中の生徒が書いた質の高い物語、エッセイ、評論、小説、詩のコピーも持っています。

ボストンの小学生がデザインと作画をすべて担当した公共ＣＭは、多くの地域の民放テレビで放映され、ＣＭに見飽きた視聴者の目を覚ますような無邪気さと輝きを放っています。マサチューセッツ州の中学生、オレゴン州の高校生、カリフォルニア州の小学生がそれぞれ行った独創的な科学研究の動画もあります。ロードアイランド州プロビデンスの郊外にある高校では、インターンシップを基盤とした新しいプログラムを始めたことで、多くの中退した生徒たちが学校に戻ってきました。彼らが審査員を前に自分のポートフォリオを発表している様子が動画に収められています。実はその高校だけでなく、アメリカ中の学校の生徒たちがポートフォリオを発表している動画を持っています。また、私の教室や学校には25年分の生徒の作品（コピー、写真、スライド、動画）があり、毎日インスピレーションをもらっています。

私は授業で新しいプロジェクトや新しい試みを始める時、まず全員でエクセレンスを味わうことにしています。卒業生の作品や、他の生徒がポートフォリオを発表している動画、他校の生徒たちの作品、プロの作品をモデルとして引っ張り出してきます。そして、みんなで鑑賞し、批評しあうのです。これらの作品の力の源は何だろう？　創造された物語に説得力があり、ワクワクするのはどうしてだろう？　どのような歴史や科学の研究プロジェクトが重要で刺激的だろう？　この数学の斬新な解法はなぜ息を呑むほど素晴らしいのだろう？

朝、私の生徒たちは学校に来るやいなや、教室の壁や箱の中、そしてカウンターの上に置かれた素晴らしい作品のライブラリーに手を伸ばします。そうして、自分が目指すもののビジョンを再確認するのです。

第2章　工具箱① 学校にエクセレンスの文化をつくる

小さく始める

雪になりそうなほど寒い、暗い雨の降る土曜日の朝のことでした。私はトラックに生徒たちのポートフォリオやプロジェクト資料の入った箱を載せて、土砂降りの中ヘッドライトをつけて運転していました。小高い丘と松の木が両側に見える道はほとんど車が通らず、私はワイパーの音を聞きながら不安な気持ちでいっぱいでした。目的地は不況に苦しむ小さな町の学校で、生徒たちは深刻な成績不振に陥っています。その学校の置かれた状況は絶望的に思え、なぜコンサルティングを引き受けたのだろうかと繰り返し自問しました。私に何ができるのでしょうか？

2時間後、私は古びたレンガ造りの校舎の散らかった職員室で椅子に座っていました。部屋は苦いコーヒーと謄写版のインクの匂いに満ちていて、コピー機の時代にまだ謄写版を使っているのかと心の中でつぶやきました。広い校舎は修理が必要な状態で、幼稚園から5年生まで約1000人の生徒がそこで学んでいました。生徒の多くは貧しい家庭の子どもで、彼らの約半数は英語以外の言語を母国語としていました。生徒の退学率は年間30%にのぼります。学校のパフォーマンスは毎年行われる標準テストの点数に基づいて評価されるのですが、全校生徒の3分の1から半数近くが、そのテストの前年もしくは2年間、その学校に通っていませんでした（生徒のテストの成績は、学校のパフォーマンスを評価する方法として適切とは言えないのです）。

使い古された木製のテーブルに、身なりの良いラテン系の女性が座っていました。彼女は特別支援学級の先生で、やる気に満ち溢れ、澄んだ目をしていました。長い教師歴を持ち、さらにこのような状況に陥っていても彼女の目がまだ輝いていることに私は感銘を受けました。校長先生はその場にいませんでした。彼は私がやって来たことに腹を立てており、校長室のドアに鍵をかけて引きこもっていました。特別支援学級の先生は、「校長室のドアをノックしましたが、返事がありませんでした」と言って、校長先生の失礼を詫びました。

私はここで何をしているのだろう？　校長先生は私にここにいてほしくないのです。30分後、熱心な先生たちが集まって、現状についての懸念や疑問を話しあうことになっていきます。私はこの気がめいる状況を見回して、そもそもなぜ自分が力になれると思ったのだろうと考えていました。

私がここに来たのは、この特別支援学級の先生から、学校の生徒のために助けてほしいという手紙を受け取ったからです。他の高校を解任されてこの学校に赴任した、怒れる校長先生の下で、彼女は打つ手がないと感じていました。校長先生は定年退職になる日を指折り数えており、彼女もまた校長先生の定年退職を待ち望んでいました。しかし、同時に彼女は強い焦りも感じていました。生徒たちは今、助けを必要としているからです。そこで彼女は私に支援を求めたのでした。彼女に会って事情を聞いた後では、その依頼を断ることは到底できませんでした。だから校長先生の反対にかかわらず今日ここに来たのです。今日が私たちの最初のミーティングでした。

他の先生たちが部屋に集まる前に、先生たちが直面しているいくつかの問題の背景を聞いて、私は不安で頭がいっぱいになりました。状況のあまりの大変さに、言葉が見つかりませんでした。先生たちが「もう打つ手がありません」と匙を投げたとしても、賢明な選択だと思うでしょう。私も、その場で「お手上げです、お役に立てず申し訳ありません」と言って暗い雨の中を帰りたい気持ちに駆られました。特別支援学級の先生の希望に満ちた目を見て、気分が悪くなりそうでした。

他の先生たちが到着すると、私はまずみなさんの話を聞かせてくださいと頼みました。苦戦していることや困難なことだけでなく、うまくいっていることについても話してもらいました。これらの質問に答えるには、先生たち自身がじっくりと内省する必要があります。先生たちはどのようなことにワクワクするのか、これは成功だったと感じていることは何か。それを土台にして積み重ねていけるような経験を探すのです。その上で、私は自分の工具箱を開けて中身を一つずつ取り出していきます。これから数カ月の間に小さな変化を起こせるような道具があるかもしれません。ここが始まりです。

なぜ文化が重要なのか

「学校の文化がなぜ大切なのですか？　学校は読み書きや計算といった基本的なスキルを身につけるところです。そんな馬鹿げたことに時間をかけるのではなく、教える技術を磨くことに集中してください。私たちが大事にすべきなのは、学校の文化ではなくテストの点数です」

先生たちと作成した「質にこだわる文化をつくる」という計画を見た校長先生はこう言いました。生徒たちの成績は私にとっても重要な懸念事項であることを、校長先生に時間をかけて丁寧に説明するべきだったのです。私も基礎的なスキルは非常に重要だと考えていましたし、学校の評価が決まる標準テストや、学習面での成功にも大いに関心がありました。しかし、これらを改善するためには、学校の文化が非常に重要なのです。

先生たちは、私が生徒の成績を短期間で向上させる魔法を持っていると期待していたようでした。もちろんそんな魔法はありません。確かに、二つ目の工具箱「エクセレンスを追求する学び方」には、私が大切にしている手法がたくさん詰まっています。しかし、**プロジェクト**や**批評**や**ポートフォリオ**が魔法の解決策だと考えることは、標準テストが学校を劇的に良くするのと考えるのと同じくらい馬鹿げています。これらの手法は、クラスや学校の文化に組み込まれてこそ、威力を発揮します。だから文化は非常に重要なのです。

生徒の成績は、家庭の文化、地域コミュニティの文化、そして学校の文化に大いに影響されます。生徒一人ひとりの持つ潜在的な能力はさまざまですが、一般的に、生徒の学習態度や学習成果は、生徒が身を置いている文化に左右されるのです。生徒は自分がいる環境の文化に馴染もうとして、学習に対する態度や努力の量を調整するからです。もし、クラスで手を挙げて発言したり、宿題をしたり、学校生活を大事にする姿勢を見せることが馬鹿にされるような文化だったら？　その影響力は強いものです。一方で、学校生活に一生懸命になるのが称賛される文化も、同じように強力な影響力を持ちます。学校は、熱心に取り組むことが安全であり、クールなことだとされる文化を意識的に育む必要があるのです。また学校は、家庭や地域のコミュニティとともに、このような働きかけをするべきです。

私立の進学校に通う生徒が受ける恩恵は、豪華な校舎や少人数制のクラスだけではありません。長時間の勉強や、成績を気にすることは当たり前だと考える仲間がいるのです。そういった環境では、徹夜で勉強したり、長いレポートを書いたり、良い大学に入りたいと願うのは普通のことです。学校や勉強が嫌いな素振りをみせることもありますが、良い成績を取るために一生懸命勉強することは至極当たり前のことなのです。

しかし、私立学校でなくても生徒がこのようなマインドセットを身につけることは可能です。ハイメ・エスカランテ先生は、ロサンゼルス近郊のバリオ（ラテン系が多く住む地域）の子どもたちが通う公立のガーフィールド高校で教えています。彼は、有名な微積分の学習プログラムを開発しました。その学習プログラムが成功した理由の一つは、エスカランテ先生が生徒たちの「当たり前」を変えられたからです。彼の生徒たちは貧しいラテン系の子どもでも数学で競えるのだと全米に証明して英雄となり、数学の教科書を家に持ち帰っても馬鹿にされることはなくなりました。今やガーフィールド高校では、数学の宿題に何時間も費やしたと言っても仲間はずれにされることはありません。

私はアメリカ各地の小中学校を訪問し、学校生活や学習について生徒たちと話す貴重な機会に恵まれました。私は特に、どのようにして生徒たちが、さまざまな学校文化に学業面や社会面で溶け込むのかということに非常に興味がありました。この話題には、幼稚園児から高校生まであらゆる年齢の生徒たちが高い関心を示し、思慮深い洞察とユーモアに満ちた活発な議論が繰り広げられました。多くの場合、学校で仲間に受け入れられるための服装や髪型、求められる振る舞い、音楽の趣味といった話題がまず議論になります。その後で、私はいつも学校教育や学びに対する振る舞いにも議論が広がるようにしています。

地域の貧富の差にかかわらず、アメリカの幼稚園では共通して、子どもたちがクラスの話し合いで発言したり、活動に参加したり、アイディアに興奮したりと、学びに対してワクワクしている様子が見られます。学校が好きで、学ぶのが楽しいと言葉にするのも普通、のことです。しかし私が訪れた中学校の多くでは、様子が違っていました。

特に、貧しい都市部や田舎の生徒数の多い学校に通う中学生や高校生との会話が印象的でした。学校や学びに対する関心や宿題に取り組む態度などについて、普段どんなふうに感じているかと聞くと、彼らはおかしそうに笑います。多くの生徒は「クラスで発言したり、一生懸命に勉強したりすると馬鹿にされる」「仲間に入れてもらいたいなら、勉強が大事だと思っていることを悟られてはいけない」と考えているのです。全員ではありませんが、私が参観した多くの学校やその生徒たちがこのような反応をしました。この傾向は、黒人、白人、ラテン系に関係なく生徒たちの間で見られ、また男女の比較では男子生徒の方がより顕著なものの、女子生徒にも同様の傾向が見られます。これらの学校では、こうした文化が生徒の学力向上を阻む主な障害となっているのです。

もし、学習に一生懸命取り組み、仲間を尊重するのは当たり前で、そのために仲間はずれにされることはないとしたらどうなるでしょうか？

ある教室のストーリー――ポジティブなピア・プレッシャーの力

私はピア・プレッシャー（同調圧力）が非常に良くないもの、避けるべきもの、ネガティブなものという印象を持って育ちました。友達から誘われてタバコやドラッグに手を出してしまうという文脈で、ピア・プレッシャーという言葉が使われていたからです。しかし、教師10年目の頃に、私の教室が生徒にとって安心して勉強に打ち込める場所であるのは、ポジティブなピア・プレッシャーがあるからだと考えるようになりました。ピア・プレッシャーは恐れたり避けたりするべきものではなく、ポジティブな方向に育まれるべきものなのです。

数年前、私のクラスに6年生の男の子ジェイソンが転校生としてやって来ました。学習態度はあまり褒められたものではなく、大人を喜ばせるために態度を改める気もないようでした。教師の私にとって幸いだったのは、強気に振る舞いながらも、彼はクラスに溶け込みたがっていたということです。

ジェイソンは、自己イメージをしっかりと持っている生徒でした。転校初日の夜、私はジェイソンが自分の生活や興味のあることについて書いた紙に目を通しました。そこに書かれていたのは、怒りや自己防衛に満ちた数行のみでした。翌日、私は彼と話をして、彼の父親は木こりで、森の中で薪を割って生活していることを知りました。ジェイソンはよく父親を手伝って草刈りをし、薪を積み上げ、木を伐採し、重機を操作していました。大人よりも手際よくチェーンソーを分解して部品を洗浄し、研磨してまた組み立てられることが自慢だったし、森での暮らしが大好きだったのです。

学校が嫌いだ、とジェイソンは言いました。「先生たちも学校の勉強も嫌いだし、ずっと成績も悪かったけれど気にならない。父親も学校に行かなかったし、自分にも学校なんて必要ない。もうすぐ学校を卒業したら、木こりになって暮らす。母親が自分をこんな古ぼけた町に引っ越しさせて、父親と一緒に暮らせなくなったことが許せない。女の人も女の子もみんな嫌いだ」

ジェイソンは最初の2日間、誰とも交流しませんでした。教室でも校庭でも、彼は無愛想で誰のことも信用していないようでした。3日目に、みんなで一つのことに挑戦して連帯感を育もうと、生徒と保護者で野外体験をする遠足に出かけました。全員で山に登り、洞窟探検をするのです。生徒も保護者も、怖がりながらもワクワクしていて、みんなで協力しなければならないことを理解していました。数時間後、泥と引っ掻き傷まみれになりながらもヒーローになった気分で、私たちは歓声をあげ、ハグをして、サンドイッチを一緒に食べました。この時、ジェイソンはチームの一員になったのです。洞窟の暗闇でジェイソンは、誰の手を掴んでいるのかを気にしている余裕はありませんでした。ジェイソンは、女の子も含めクラスメートを助け、彼らもジェイソンを助けました。狭い通路を協力してすり抜けた時、ジェイソンのサポートを褒める声があがり、彼は初めて笑顔を見せました。

でも、彼は別人になったわけではありませんでした。この遠足はクラスに馴染むきっかけとなり、大事な架け橋にはなりましたが、教室に戻ると仏頂面のジェイソンにすぐ戻ってしまい、学校の勉強に身を入れるなんてとんでもない、という態度でした。

もし私の人生がハリウッド映画のストーリーだったら、私は黒板の前に立って素晴らしい講義を展開し、気の利いた胸を打つような言葉をかけ、私の情熱で怒りを抱えたジェイソンの心を溶かし、彼を献身的で礼儀正しい生徒に変えたでしょう（若くてハンサムな映画スターが私の役を演じるでしょう）。こうしたことはおとぎ話でなく実際に起こりうるし、私はそういった映画の題材となるような先生たちを心から尊敬しています。でも正直なところ、いつもそううまくいくわけではありません。少なくとも私とジェイソンの場合は違いました。

私の教師としての意欲や人柄だけでは、たいした成果は得られなかったでしょう。大人から認められることは、彼のモチベーションにはならなかったからです。でも、私には学校の文化という強い味方がありました。この学校の生徒たちは、幼稚園の頃から学習に一生懸命取り組むことを学んでいました。4歳の頃から、さまざまな聴衆の前で、自分がつくった作品を誇らしげに披露してきたのです。モデルとなるような力強い作品に溢れた教室で、楽しみながら一生懸命取り組み、またお互いの作品に関心を持って話しあう仲間に囲まれて学んできました。生徒たちの作品や学習態度が常に素晴らしかったというわけではありませんが、それが期待される環境だったのです。学校に馴染むためには、一生懸命努力して、クラスメートを尊重することが求められていました。

私の教室には、意地悪なことを言って注目を集めるピエロ的な存在に居場所はありませんでした。他の学校だったら、ジェイソンは他の生徒を馬鹿にしたり授業を妨害したりすることで注目を集め、人気者になれたかもしれませんが、ここでは不満や苦情を言われるだけでした。以前の学校では、いい加減な作品を提出しても問題にならず、むしろ他の男子たちから高い評価を受けたかもしれません。でも私の教室ではジェイソンは、他の生徒たちから批判的な視線を向けられ、態度を改めるよう助言されていました。

ハリウッド映画とは違い、ジェイソンが変容するきっかけとなったのは、私の感動的な授業でも、放課後に交わされた厳しくも愛情のこもった対話でもありませんでした。彼が自ら一歩踏み出して自分の作品の質にこだわり、クラスの生徒たちから熱い励ましをもらった瞬間に何かが変わったのです。それまでジェイソンは学業に全く力を入れず、批評の時間には、親切な口調ながら批判的な意見を仲間たちから受け取っていました。彼がいい加減な作品を提出した時、クラスメートは「もう少し丁寧に時間をかけて取り組んだら」と助言し、それに対して彼は自己防衛的な怒りの気持ちを表していました。

ジェイソンが初めて、一生懸命取り組んだ作品を批評の時間に見せた時、クラスメートたちは感嘆の声をあげました。ジェイソンが壁を打ち破ったことがわかったからです。ジェイソンは、その称賛の声の多くが嫌いなはずの女子たちからだったにもかかわらず、顔を赤らめました。また、いじめっ子だったジェイソンが、初めて他の生徒に親切なことをした時、朝礼でそのことが話題になり、あまり耳慣れない褒め言葉をかけられました。

秋の間、ジェイソンの学習態度が改善されるとともに、作品の質も上がっていきました。最初のうちは、「どうでもいい」と間違いだらけのエッセイを提出し、私が一緒に座って添削をしても反論するばかりでした。しかし、クラスメートからポジティブなフィードバックをもらうようになると、私の提案に対する抵抗も減っていったのです。ある時、彼は自分の作品を見て微笑み、「この作品を誇らしく思う」と言いました。「この学校に来てから初めて、よくできたと感じる。クラスのみんなも気に入ってくれると思う」

1月の展示会で、ジェイソンも一つのテーブルを担当し、プロジェクトでつくった作品を発表することになりました。そのプロジェクトとは、架空の人物を創作し、その人生を記録したものや本を書くというものです。ジェイソンは自分がつくった人物の似顔絵を描き、身体の特徴や性格、家族や仕事、生活史について細かく書きました。彼は、家系図をはじめとして、出生証明書、養子縁組証明書、卒業証書、クレジットカード、手紙、新聞記事、警察の記録、仕事の文書など、人物の生涯に関わる本格的な資料をつくりました。また、給与明細、当座・普通預金通帳、投資ポートフォリオ、納税申告書、ローンの記録、保険申込書など、金融関連の資料も作成しました。この人物が住む家をデザインして設計図も描きました。ジェイソンのテーブルと、その横の掲示板は、ここ数カ月にわたる作業の成果を示す作品で埋め尽くされ、彼は午後の間ずっと、それらを完璧に配置することに夢中になっていました。

ジェイソンが創作したのは年老いた木こりで、手はボロボロで傷だらけ、くたびれた顔をしていましたが、澄んだ目を持っていました。引退する年齢を過ぎていましたが、森を離れようと考えたことはありませんでした。ジェイソンがつくった本は、前日に彼が切ってきた木片の上に置かれ、展示室にはオークの甘い香りが漂いました。本はチェーンソーに立てかけられ、オイルやガソリンのプラスチック缶で縁どられており、隣には丸太を運ぶトラクターの模型が置かれていました。クラスメートたちは自分の両親に「ジェイソンのテーブルに行ってみてよ！」と言って案内し、ジェイソンは自分の作品を前に、誇らしげに立っていました。クラスのみんながジェイソンの作品を気に入ったのです。

　ジェイソンの学力は一朝一夕には向上しませんでしたし、時に気難しさが顔を出すこともありました。卒業する直前まで、周囲に助けてもらうことをしばしば躊躇しました。でも、彼は転校当時からは大きく変わりました。私やクラスメートたちと目を合わせるようになり、自分の作品を誇りに思っていました。また、本を読んだり、文章を書いたりすることに時間をかけるようになりました。彼は、学校に溶け込んでいたのです。他者に対する態度も変化し、女の子も含めクラスメートと丁寧に接していました。

　最近、土曜日の早朝にランニングをしている時にジェイソンとばったり会いました。10マイルほど走ったところで、道端で物思いにふけっていると、森の中から大きな声が聞こえてきたのです。「こんにちは、ミスターB！　お元気ですか？」立ち止まって声がした方を見ると、大きくなったジェイソンが伐採事故で痛めた手で、森で刈った草を引きずっていました。包帯をしていたので握手はできませんでしたが、彼は尊敬の念を込めてうなずきました。ジェイソンは学校に通い続けていて、彼の高校生活について話してくれました。彼は去り際に私の顔を見ながら言いました。「6年生の時のプロジェクトで、オリジナルの人物についてありとあらゆる記録をつくった作品はなかなか良かったですよね。

あんな人物をつくった人は他にいましたか？」「もちろんいないよ」と私は答えました。
「今でも、クラスで同じようなプロジェクトをする前には、君の作品をモデルとして見せているよ」ジェイソンは誇らしげにうなずきました。

コミュニティの価値

文化を再構築するためにはどうしたらいいのでしょうか、と先生たちに聞かれます。何から手をつけたらいいのでしょうか？

この質問に対して、簡単な方法や正解はありません。学校の文化を大きく変えなければならない場合、ここから始めれば間違いないと断言するのは難しいことです。私自身は、生徒の美しい作品を中心に据えた文化をつくることに情熱を注いでいるので、作品を出発点としたいと考えます。しかし、学校はそれぞれみんな違うし、抱えているニーズも異なります。多くの学校では、物理的な安全、心理的な安全、敬意、礼儀といった基本的な課題や、生徒の人数、スケジュール、コミュニケーションといった問題が解決されない限り、生徒の作品の質に焦点を当てることはほとんど不可能でしょう。

明確に断言できるのは、**文化の力はコミュニティに根ざしている**ということです。私がアメリカ各地を訪問してうまくいっていると感じた学校は、置かれた環境や使えるリソースという点ではさまざまでしたが、どこも強いコミュニティ意識がありました。エリートが集まる全寮制の私立学校でも、都市部で成功した中途退学者のためのプログラムでも、それは同じでした。これらの学校の生徒や教職員は、自分が何かの一部であり、それに属しているという確かな感覚を持っていたのです。

カーネギー財団の同僚であるジェイソン・ライリー氏は、ある小さな高校を調査していました。この高校は、都市部の問題を抱えやすい生徒を受け入れ、その全員を大学に進学させていることで地元や全国から高い評価を受けています。ある記事では、厳しい評価基準とカリキュラムが成功の理由だと分析していました。これらは間違いなくプログラムの成功にとって重要な要素でしたが、ライリー氏は生徒に最も影響を与えていると思われる別の要素を発見しました。それは生徒が「ここは安全な場所だ」と感じているということでした。物理的な安全だけでなく、失敗を恐れず思い切って挑戦し、一生懸命に努力しても大丈夫だと感じられる心理的な安全性もあるということです。彼らはコミュニティの一員としてサポートされていると感じていました。セントラルパーク・イースト高校、ニューヨークのアーバン・アカデミー、ボストンのフェンウェイ高校など、私が訪れた都市部の小規模な高校も、非白人生徒の学力が低い傾向を逆転させ、卒業率と大学合格率を向上させています。それらの高校の生徒や教師たちは、コミュニティ意識が学校の成功の核であると強調していました。

学校における強いコミュニティ意識が影響を与えるのは、大学の合格率だけではありません。毎年春に、私は学生演劇の公演に参加するため、マサチューセッツ州ケンブリッジにあるグラハム&パークス中学校まで車で州を横断します。私の友人で7年生と8年生に人文科学を教えるキャシー・グリーリー先生は、生徒たちが歴史研究の集大成となる壮大な演劇を書き上げて上演するのを毎年指導しています。生徒は、黒人、白人、ハイチ系、ラテン系、アジア系など、人種・民族的背景も、使用言語やアクセントもさまざまです。彼らはその違いを乗り越え、観客が涙するような歴史劇を制作します。そして上演が終わると、彼らは自分たちの多民族コミュニティを称え、誇らしい気持ちでステージに並ぶのです。キャシー先生の著書『なぜそのように飛ぶのか』(未邦訳/*Why Fly That Way?*)には、最後に演劇を発表するまでの1年間のプロセスが記録されています。そこには、学校が築いたコミュニティが、生徒たちの学力を向上させるだけでなく、生徒たちがより良い人間になる助けとなったことが書かれています。教室のコミュニティを築くことで、生徒たちはより思慮深く、礼儀正しく、正直で、勇気のある人へと成長しました。彼らは、私たちが社会に望むような市民像に向かって大きく前進したのです。

私はコロラド州のイーグルロック高校という、世間から見放された生徒たちが通う自然豊かな学校でコンサルティングの仕事をする機会に恵まれました。生徒の多くは、度重なる停学処分、不登校、ドラッグ使用、あるいは刑務所行きなどの問題を起こし、どこにも居場所がなかった子どもたちです。この学校にも強いコミュニティがあり、生徒たちは昼夜問わず支援や指導を受けることができます。生徒全員が高校卒業や大学進学を果たせるわけではないものの、彼らの人間的な成長には目を見張るものがあります。新入生は不機嫌ですぐにカッとなりがちですが、在校生たちは礼儀正しく、責任感が強く、オープンで正直です。彼らは温かさ、誇りとユーモアをもって学校案内をしてくれ、時には先生の子どもの子守をし、校舎や校庭を大切にしていました。

私は他にも二つの都市部の学校でコンサルティングの仕事をしました。バージニア州ニューポートニューズのニューサム・パーク小学校と、ボストンのハーバースクールという中学校です。コミュニティと人格形成に重きを置く両校は、どちらも市の学校選択制の対象校で、通常であれば生徒が集まりにくい荒れた地域にありますが、高い評判を集めて人気校となっています。緊密なコミュニティを築くことによって、安全で生徒一人ひとりへの目配りができる学校を実現したのです。２００２年、ハーバースクールはボストンで最も人気の中学校となり、ニューサム・パーク小学校は入学を望む補欠者が１６００人にのぼりました。

緊密な学校コミュニティを築くためには、大型店や巨大なショッピングモールのように何でも大きくすればいいという社会の風潮に逆らわなければなりません。教育者であるデボラ・マイヤーは、教育の分野において「大きければ大きいほど良い」という考え方はあてはまらないと指摘しています。小規模な学校では、生徒が大勢の中に埋もれてしまうことがなく、先生も生徒も高い責任感を持ちやすくなります。また、密な人間関係が生徒や教職員の背中を押し、支援する役割を果たします。煩雑で官僚的な手続きを経ることなく、意思決定をすることができます。小規模な教育区では、教育委員長が重大な責任を負い、頻繁にコミュニケーションを図っています。

私の学校がある地域を含め、アメリカの地方の州議会や教育委員会は、その地域の小さな学校には、大規模校にあるような巨大な体育館やプールなどの施設をつくらない、多様な言語の授業も行わないという意向を決めました。また、多くの小規模な学校は費用対効果が良くないという理由で閉校になり、生徒たちは遠く離れた大規模で無機質な学校にバスで通うことになりました。閉校になった学校では、ほとんどの生徒がスポーツチームに入ったり、演劇やオーケストラで活動したりしていました。生徒みんなが、何らかの形で学校のコミュニティの一員として活動していたのです。今や、大規模な学校では厳しい校則のもとに退学者が増え、生徒の成績は下がる一方という状況です。小規模な学校を閉鎖したのは良い判断だったとは思えません。「大きければ大きいほど良い」という考えのもとに学校コミュニティが失われてしまったことは、アメリカの公教育が受けた痛手でした。

救いなのは、現在では小規模の学校を増やそうという動きが少し見られることです。多くの教育区で、チャータースクール〔市民団体などが行政の認可を得て設立した公立学校〕、パイロット校〔試験的な運営段階の学校〕、学校の中の学校〔一つの学校を複数の縦割りのグループで運営する〕など、生徒数の少ない学校が創設されています。大規模な高校でも、生徒をより少人数のクラスやチームに分けるなど、より人間らしい教育を行うための方法が模索されています。例えば、先生一人が担当する生徒数を制限したり、アドバイザリーと呼ばれる多学年にまたがって指導をする少人数チームを用意したり、校外の専門家や教師や生徒会の生徒にメンターとなってもらうなどの取り組みがあります。また、何か問題があった時には、生徒が調査団や討論者や調停役を担って対処するという工夫もあります。

学校教育をどのように改善するかを考える時、往々にして「何を教えるのか」や「どのように教える内容を改良するか」に焦点が当たりがちです。でも、学校教育は知識を伝達するシステムとしてではなく、総体的な経験として捉えられるべきです。生徒の学校での一日を想像してみてください。学校に溶け込むために、生徒はどのように振る舞うでしょうか？　生徒はどこにいる時に一番安心だと感じるでしょうか？　生徒が貢献したり、創造したり、自分の才能や努力が認められる機会はあるでしょうか？　生徒を作品の質にこだわるように動機付けるものは何でしょうか？　このように問うことは、周縁化されやすい生徒たち、つまり人種的・文化的マイノリティである生徒、学習面や身体面で特別な支援を必要とする生徒の経験を考える際に特に重要です。

アメリカの学校、特に高校には、学校という場所が自分に合わないと感じている生徒が大勢います。ペニー・エッカート氏は、著書『学校が好きな子、嫌いな子』（未邦訳／*Jocks and Burnouts*）の中で、学校で人気があり成績も良い生徒は、社会に溶け込む方法を学校という場で学んでいくけれど、そうでない生徒にはそれはとても難しいと指摘しています。学校に馴染めない子どもは疎外感や憤りを感じ、往々にしてそれが一生続くこともあります。彼らが州の新しい基準やテストをきっかけに学校が好きになることはありません。彼らに必要なのは、自分を仲間に入れてくれ、成功するように後押しや支援をしてくれる学校のコミュニティです。

コミュニティの基盤づくり

私は少しの間、ボストンの都市部にある学校で仕事をしたことがあります。校舎の周りは、ファストフード店の空箱、ビニール袋、食べ残し、割れた瓶、濡れた新聞、ショッピングカート、麻薬使用者の注射針などのゴミでいっぱいでした。学校前の道端に座って、向かいの酒屋で買った酒瓶を紙袋から取り出し、お酒を飲む人もいました。校舎の外壁は汚い染みだらけのコンクリートで、窓はほとんどなく、まるで刑務所のような建物でした。正面にある落書きだらけの金属のドアを大きな音で叩くと、警備員がブザーを鳴らして解錠し、身体検査をする仕組みでした。男子トイレにはドアのない個室や壊れた便座があり、壁や鏡は落書きされていました。

この小学校には、7つの幼稚園クラスの子どもたちを含め、1000人の生徒たちが通っていました。あなたの5歳の息子や娘が毎朝、この学校に通うと想像してみてください。もし政治家や、企業のトップがこの学校に子どもたちを通わせることになったら、学校の校舎はすぐに改善されるでしょう。

そして、このような学校があるのは都市部だけではないのです。ある時、私はアーカンソー州の田舎の学校の前で立ち尽くし、10分ほど見つめていました。校庭は乾いた土の山、伸び放題の雑草、そしてゴミでいっぱいでした。建物は薄汚れたレンガ造りで、窓もありません。州道沿いにある学校のプラスチックの看板は壊れて曲がっていました。ここがあなたの仕事場だったらと想像してみてください。訪れてきたクライアントに質の高い仕事をすると納得してもらえるでしょうか？　生徒やその家族は、ビジネス上のクライアントより重要ではないのでしょうか？

建築家は、多くの時間とお金をかけてつくられた建造物を見れば、どんな価値観がその文化や人々に大切にされていたのか、容易にわかると言います。例えば古代エジプトやラテンアメリカのピラミッド、古代ギリシャやローマの神殿、中国の城、ヨーロッパの城や精巧な大聖堂などの建造物は、神々や王を守り、称えるために建てられました。現代における神殿はビジネスのために建てられています。世界の超高層ビルはすべて商業ビルです。できる限り安く建てられ、壊れかけていても放っておかれる学校の校舎に子どもたちが入っていく時、彼らはどんなメッセージを受け取っているでしょうか？　あなたたちのことは大切ではないし、どうでもいい。あなたたちには何も期待していない。

子どものいる地域の人々は、このような学校を見て希望を持つことができるでしょうか。新聞は子どもたちの成績の低下を声高に指摘し、州の役人は退学率を改善するように要求します。でも、老朽化した汚い校舎の周辺に住む人々にとって、これらの問題を解決する糸口がどこにあるのかは明白です。裕福な子どもたちが通う学校だったら、汚い校舎のまま放置されることはないでしょう。

私の友人である、マサチューセッツ州ロックスベリーのマルガリータ・ムネズ先生と、テキサス州サンアントニオのシルビア・ガルザ先生がそれぞれ校長の職に就いた時、前任から引き継いだ学校の校舎は壊滅的な状態でした。彼女たちは、「このままではいけない」と怒りと決意をもって考えました。そして地域コミュニティに助けを求めたのです。教育委員会に嘆願し、資金を集め、校内を掃除する管理職員を雇い、保護者や先生、地域コミュニティの人々の協力を得て校舎を改装し、修理し、塗り直して綺麗に蘇らせました。

ガルザ先生が勤めるサンアントニオのダグラス校を訪れた際、学校の周辺は前述のボストンの学校の近所と同様に貧しそうな様相でした。しかし、校内の様子は周囲と違っていました。校舎が綺麗なだけでなく、思わず入りたくなるような雰囲気だったのです。入り口には絨毯が敷かれて植木が置いてあり、横断幕や歓迎のメッセージが書かれたイーゼルで明るく飾られています。生徒たちは笑顔で登校してきて、私に誇らしげに挨拶してくれました。3年生たちは校舎を案内しながら、待ちきれない様子でこの1年間に起こった変化について「すごいでしょう?」と嬉しそうに話してくれました。見学ツアーの途中で、案内してくれた奥の建物にある大きな部屋に入りました。そこは古着店のような様子で、案内してくれた生徒は、これらの洋服が寄付されたもので、生徒や教職員がいつでも自由に着ていいのだと教えてくれました。生徒のなかには、靴やコートを持たない子どもがいるのです。

数年前、私は国連が資金援助しているパレスチナのガザ地区の学校を訪問する機会がありました。小さな古い車に押し込まれ、建物の残骸やパイプが散乱し、ロバや裸足の子どもたちで混み合う迷路のような道を走りました。巨大な難民キャンプを通り抜けて、さらに曲がりくねった道を進み、狭い未舗装の路地にある古ぼけた門の前で車は止まりました。

ガイドがアラビア語で何かを叫び、ゲートが開くと、砂場で遊んでいた子どもたちがやってきて、車の窓に顔を押し付けてきました。車から降りた私は、周囲を見回して驚きました。敷地内はとても綺麗に維持されていたのです。レンガ造りの壁は白く塗られ、巨大な花の絵で埋め尽くされています。バラの木は丁寧に手入れされ、小さな生徒たちが私の立っている歩道を掃除していました。この学校には潤沢な資金がなく、地元の子どもを受け入れるために毎日3回の入れ替え授業を行っていました。それでも1年生のクラスは平均60人ほどで、文房具やノートを持っている生徒はほとんどいないという状況です。しかし、彼らは自分たちの学び舎に誇りを持っていました。

手入れが行き届いた校舎それ自体は、子どもたちが素晴らしい作品を生み出せる保証にはなりません。それでも、校舎が綺麗であることは重要な要素です。それはメッセージなのです。校舎の状態は、その場所の倫理観を視覚的に示します。ガザの学校の例から明白なことですが、建物が宮殿である必要はありません。でも、子どもたちや教師、そして保護者たちに、私たちが彼らのことを気にかけているということを示す必要があります。これは地域コミュニティが学校に誇りを持つことなしには実現しません。地域コミュニティが自分たちの学校に誇りを持てば、そこに住む子どもたちもその倫理観を共有するのです。もし誇りに思わなければ、改装された綺麗な校舎もすぐに落書きで覆われ、破壊されてしまうでしょう。

校舎の中で起こる学びの質についても同じことが言えます。幼稚園児は、どのような環境にあっても学校で学ぶことにワクワクしますが、高学年になると学校の評判に敏感になります。家庭や企業や近所の子どもたちを含む地域コミュニティが、学校をポジティブな環境、より良い人生を送るために必要な場所だと見なせば、生徒たちはそこで頑張ってみることに意味を見出します。学校で良い成果を出すことが評価されるコミュニティでは、生徒たちも学業を大切に思うようになるのです。

テキサス州オデッサの高校のフットボールチームを題材にしたH・G・ビッシンガーの『フライデー・ナイト・ライツ』(中央公論社)は、コミュニティのプライドがどれほど強い影響力を持つかを克明に描き、強烈な印象を残しました。地域コミュニティが学校において大切にしていたことが花開いたのです。

オデッサの誇りは高校のフットボールチームでした。地域の人々は寄付を募り、パーミアン高校のフットボールチームのために、2万人を収容できる巨大なスタジアムを建てたのです。地下18フィートに敷かれた人工芝のフィールド、学校の理事や要人用のＶＩＰ席も備えた2階建てのプレスボックス、スタジアムに常駐する管理人。１９８８年には、他の地区の試合への遠征用にチャーター機を使用し、年間7万ドルの費用がかかりました。フットボールの試合がある金曜日、住民の多くはチームカラーである黒を着て出勤するのです。夜になって住民がスタジアムを埋め尽くす間、選手たちは、ブースター（チームを支援する人々）によってアイロンがかけられた新しいユニフォームとピカピカに磨き上げられたヘルメットが用意されたロッカールームで待ちました。シーズン中、クォーターバックの選手の自宅の前庭には応援の看板が立てられました。パーミアン高校のフットボールチームは何世代にもわたって王者の地位にあり、テキサス州のフットボール史上最も成功したチームになりました。

一方で、地域コミュニティは学校の他の面についてはそれほどの誇りを持っていませんでした。学業は二の次にされており、例えば英語科に使われる年間の予算は、フットボールの試合のビデオ撮影の予算よりも少なかったほどです。標準テストの点数は低く、大学の合格者数もあまり振るいませんでした。男子生徒が地域の人々から尊敬されるためには、フットボールしか方法がありませんでした。

女子生徒のおかれた状況はさらに良くなかったでしょう。パーミアン高校の女子生徒にとって最高のステータスとは、各フットボール選手専属の「ペペット」と呼ばれるブースターになることでした。ペペットは選手のロッカーを飾り付け、ケーキやクッキーを焼き、枕の刺繍をし、スクラップブックをつくり、励ましの手紙を書き、横断幕やお祝いのギフトなどで選手を称えました。一方で、良い成績を取ることは社会的なリスクを冒すことだったのです。パーミアン高校の生徒だったジュリー・ガードナーは、前述の本の中でこう説明しています。「頭が良すぎてはいけない。バカなことをしないと仲間にしてもらえない。知的な女の子と思われれば、学校で孤独に生きなければなりませんでした」1988年当時、パーミアン高校の女子生徒で、数学と国語のどちらかでSAT〔大学進学のための基礎学力を測るテスト〕のスコアが650点以上だった人は一人もいませんでした。

パーミアン高校の話はとても興味深いものでした。町全体が一丸となってフットボールのチームを支援した結果、素晴らしいことが起こったのは確かです。私は学校のスポーツに反対しているわけではありません。よく学校のスポーツの試合を見に行きましたし、コーチを何年かしていたこともあります。しかし、想像してみてください。もしこの町がフットボール以外のことにも同じようにエクセレンスを追求していたらどうなっていたでしょうか？　もし、新しいスタジアムの建設に費やした数百万ドルの費用の一部を、最先端の設備を揃えた巨大な図書館や多数のコンピュータを備えたメディアセンター、美しい劇場やテレビスタジオ、新しい科学実験室、暗室を備えた写真スタジオやアートスタジオの建設に充てていたら何が起こっていたでしょう。金曜の夜、何千人もの市民が、学生の演劇やダンスのパフォーマンス、あるいはプロジェクトの発表会を見に訪れるとしたら？

フットボールチームの発展のために時間とお金を提供してくれたブースターたちが、学校を支援するブースターとなり、メンター、家庭教師、講師、あるいは校舎の維持を助けるボランティアとして時間とお金を提供してくれたら？　成績優秀で奨学金をもらった生徒や芸術賞を受賞した生徒、数学のコンテストで優勝したり大学に合格したりした生徒が、横断幕や新聞の見出しになって祝福され、尊敬の念をもって注目されていたら？　もちろん、これらは空想に過ぎませんが、本当に考えさせられました。

ちょうどＨ・Ｇ・ビッシンガーがテキサス州オデッサのパーミアン高校の物語を書いている頃、フォートワースでは全く違うことが起こっていました。モーニングサイド中学校の校長に就任したオデッサ・ラヴィン氏は、学校を取り巻く貧困と犯罪という絶望的な状況に直面し、地元の企業連合に働きかけたのです。学校の状況は、企業連合や教会や近隣住民の協力を得て好転していきました。これがきっかけとなり、テキサス州をはじめアメリカ中にアライアンス・スクールのネットワークが築かれました。トム・ハッチ氏は１９８８年5月の『エデュケーション・リーダーシップ』誌に書いた記事「地域コミュニティはどのようにして学校の成功に貢献するか」の中で、このモーニングサイド中学校での小さな始まりが、１００以上のアライアンス・スクールのネットワークに成長し、そのすべての学校が地域コミュニティと協力して教育支援に取り組んでいることを紹介しています。その成果は標準テストの点数やコミュニティの安全性の面で評価され、全国的なモデルとなっています。

コミュニティを内外から支える

コミュニティの構築に比べれば、家を建てることはそれほど難しくありません。しっかりとした家を建てれば何年もメンテナンスの必要はないでしょう。しかし、良いコミュニティを築き、維持していくためには、常に気を配る必要があります。ちょうど幼い子どもを育てるのと同じように、終わりのないものです。しばしば落ち込み、手に負えないと感じることもあるでしょう。しかし、質の高い学校をつくるには、そこに選択の余地はなく、常に気にかけることが必要なのです。私の学校の教職員は、良いコミュニティを維持するために膨大な時間を費やしています。この時間は、国の定めた「学習時間」やカリキュラムと直接結びつくものではありませんが、かける意義のあるものです。

私は常に、自分が教えている学校の環境は恵まれていると伝えていますが、それは決して富裕であることによる特権ではありません。丁寧に文化を構築できる自由があるという点で恵まれていると考えています。私の学校は小さな田舎町にあり、教育区に一つだけの学校なので、教職員は何が子どもたちの学習にとって最も効果的なのかを判断し、重要な決定をする責任を負っているのです。誰もがうらやむような給料や潤沢な教材費はありませんが、学校づくりを助けてくれる地域の人々からの信頼を得ています。

多くの学校において、教職員は校舎をどのように使うか、一日のスケジュールをどうするか、学校の予算がどのように使われるか、誰を雇うか、何をどのように教えるべきか、そして学校の目標やビジョンはどうあるべきかについて、発言する機会がほとんどありません。自分の教室以外の場所での決定権がないため、学校の文化や校内でのコミュニケーションといった広範な問題や、学校全体の生徒の学力や人格の形成といった課題に対応する権限もないと感じています。私の学校には学校全体の課題に当事者意識を持って取り組み、白熱する議論を頻繁に重ねて学校を良い方向に導いてくれる教職員がいます。私たちはあらゆる重要事項について積極的に発言し、その責任を真剣に受け止めています。みんなが学校のために人生を捧げているのです。

25年前にこの学校に赴任してきた時、新しい校舎は町中で物議を醸していました。控えめなレンガ造りの建物でしたが、町民の多くは大きすぎるし贅沢だと考えていたのです。体育館とカフェテリア、図書館、そして専任の校長先生がいました。数年前までは、二つしか教室がない木造の校舎で子どもたちを教えていたのだから、こんなにたくさんのモノが必要なわけがないでしょう？　しかし、町の人口が増え、生徒全員に対して二人の教師だけではもうやっていけなくなったのです。赴任当時、私を入れて5人の先生がいました。その5人のうちの二人、ボブ・ディルマン先生とケン・リンゼイ先生は、25年たった今でも私と一緒に同じ学校で働いています。経済的には誰も裕福になりませんでしたが、この学校に人生を捧げて、別の豊かさを手に入れました。

教職員の長期的なコミットメントは、進むべき道を自らデザインする権限を託された名誉の証しです。これまで10人が校長先生を務めた一方で、辞めていった先生はほとんどいません。頻繁に校長先生が交代すると、その度に方針が変わり、学校の文化が損なわれるのはよくあることです。でも、私たちの学校は違いました。25年のあいだ教育委員長を務めた人物が、しっかりとしたビジョンを持ち、新任の校長先生や教員の採用の際に学校の教職員の意見をきちんと取り入れる採用プロセスをとってくれたのです。そのおかげで、私たちとビジョンを共有し、学校を成長させてくれる何人もの有能な校長先生に恵まれ、私たちのユニークな学校教育の方針に賛同してくれる教員を採用することができたのです。

最初のうちは、私たちのやり方に懐疑的な町民の支持を得ることに苦労しました。実は、今でもそうです。地元に根ざした学校運営は、高いレベルの説明責任を伴いますが、私はそれが大切なことだと考えています。私たちの町には、町長がいません。町の予算は住民に公開されており、住民がタウンホールに一堂に集まって決定します。タウンホールで私の隣に座った住民は、道路整備に使う中古のトラックを町の予算で購入できるかを議論した後、私個人の給与を含め、学校の予算の使い道が一銭残らず詳細に説明された資料を読むのです。町民に学校の予算を承認してもらうためには、私たちが良い仕事をしていると継続的に納得してもらい、彼らの信頼を得なければなりません。この信頼は、テストの点数だけでは築けません。町民たちは賢いので、テストの点数では測れないことがあると知っています。彼らが求める基準はもっと高いものです。子どもたちが礼儀正しく、親切で、責任感があり、他人を尊重すること、そして質の高い作品をつくろうと一生懸命に取り組むことを望んでいます。子どもたちが学校を好きになること、読み書きや数学や科学や歴史を好きになることを望んでいるのです。

私たちは、子どもたちのこのような資質を育むために、さまざまな教育方法をもとに構築した手法を学校の文化に組み込んでいます。これらの仕組みは私たちの学校のカリキュラムの核となるものですが、一般的なカリキュラムには書かれていないし、学校によってはこうしたアプローチは受け入れられないこともあります。

私たちは子どもたちに大きな責任を与えており、その責任に応えることを期待しています。生徒たちは学校で出される課題を「やらされるもの」と捉えるのではなく、独自のプロジェクトを実行し、作品をポートフォリオに保存し、展示して、自分の作品と学習者としての成長を公の場で考察する責任を全うするのです。生徒たちは定期的に全校集会や地域コミュニティの人々を招いた展示会で、自分の作品を発表します。私たちの学校を見学に訪れる人たちのガイドを務め、町を支援するさまざまなプロジェクトにも取り組みます。

高学年の生徒は低学年の生徒とペアを組み、ヘルパーやチューターやガイドの役割を果たします。６年生の卒業スピーチではたびたび、幼稚園児の時に年上のバディに助けられたこと、そして自分が年上のバディになってその恩返しをした経験について語る生徒がいます。実際に、５年生や６年生の教室に年少の生徒が飛び込んできて、悲しそうな、あるいは心配そうな声で、「ちょっと僕のバディに会わせてもらえますか？」と言う場面によく出くわします。

生徒たちはカフェテリアで働き、学校行事の準備をし、雪かきをし、校庭を掃除し、校舎の掃除スタッフを手伝い、自分の教室を毎日掃除しています。休憩時間や昼休みには、多くの高学年の生徒が低学年の体育や美術の授業に行ってサポートをします。また、長年にわたり、受付のスタッフが不在の時には、生徒が代わりに電話応対や先生への伝言をしてきました。周りの人のために何かをして貢献することは、市民の大切な役割なのです。

この学校ではミーティングを頻繁に行います。先生たちは自分の教室にこもるのではなく、複数あるいは全員でカリキュラムの構築や調整のミーティングを行い、校内の良い雰囲気を一緒につくり上げています。先生のスケジュールは、このようなコラボレーションがしやすいように組まれています。私たちは、生徒たちに求めているような協働やチームワークの模範となるように努めているのです。教職員のミーティングが楽しくスムーズにいくことは稀で、学校に対して近いビジョンを持ちながらも、ありとあらゆる細部については議論を戦わせます。とにかく重要なのは、教職員が信頼を得て協力しながら学校を運営していること、生徒たちは先生同士がお互いを尊重しサポートしているのを理解していることです。

教室での一日は朝のミーティングから始まり、先生と生徒たちが輪になって座ります。まず出席を取ってその日のスケジュールを確認するのですが、子どもたちの様子を見て、みんながポジティブな気持ちで集中して学習に向き合えるような雰囲気をつくるための大切な時間でもあります。毎朝、時間をかけて礼儀やマナーを確認し、お互いに敬意を持って接することの大切さを伝えています。また、その日を有意義に過ごすために、前日に学んだことや自分たちの振る舞いで良かった点と問題点を振り返ります。家庭で起こった嬉しいことや悲しいことを先生やクラスメートと安全にシェアできる機会にもなっています。朝のミーティングの他に、生徒たちは学年ごとや学校全体の集会を行い、学校がすべての生徒にとって身体的にも精神的にも安全な場所であり続けられるように協力しあっています。

また、定期的に地域のコミュニティにも働きかけて、サポートを求めています。毎日のように、年齢にかかわらず多くの町民が学校を訪れて、メンターやチューターとして子どもたちを支えてくれます。お礼として、高齢者の方々を、幼稚園やプリスクールの子どもたちが毎年開催するバレンタインや感謝祭の食事会、コンサートなどに招待しています。また、町民を展示会やポートフォリオ発表会のパネリストとして、あるいは専門家として学校に招いて、子どもたちの学びをサポートしてもらうこともあります。生徒たちは毎年、町の道路を清掃し、町の活動のための資金を集め、さまざまな重要なプロジェクトに取り組んでいます。例えば、町内のラドンガス検査、河川の汚染検査、井戸の水質検査、町の歴史記録のための調査、州当局に提出するための地元の動物の国勢調査などです。私たちの学校が地域コミュニティから得ている信頼と支持は、こうした活動の賜物なのです。

数年前に校舎の改築が必要になった時、地域コミュニティから大きな支援をいただいていることを改めて実感しました。校舎の改築には1年間かかる予定で、近くの町に借りた廃校になった校舎に学校の中身を丸ごと移動しました。その時、引っ越し業者の代わりに住民が町をあげて協力してくれたのです。かつて人々が協力して誰かの家の納屋を一緒に建てた時のように、何十台ものトラックや古いステーションワゴン、建設業者が使うバンが集まりました。コーヒーやサンドイッチの差し入れをしてくれる家族もいれば、車に荷物を積むのを手伝ってくれる住民もいました。引っ越しが終わると、町民は先生たちと一緒に、借りた建物のペンキ塗りや修繕を手伝いました。

その年、近隣の町々が州からの資金を得るために、私たちの町を新しい教育区に参加させようとする動きがありました。学校の教職員からは懸念の声があがりました。自分たちの学校に関する決定権がなくなり、教育委員会に従わざるをえなくなるのではないか。自分たちが大切に築いてきたものを失いたくありませんでした。しかし、私たちには決定権がなく、結論は町民の投票にかかっていました。校舎は修理のため使えなかったので、金属製の屋根に激しい雨が叩きつける夜、町民はボランティアの消防小屋の狭いガレージに集まりました。この時、いつになく町民の意思は一つにまとまっていました。ある高齢の町民が言いました。「この学校は普通とは少し違うかもしれないけれど、私たちの学校です。そして、とてもうまくいっている！　子どもたちはこの町の学校が大好きなんです！　それを奪うことはできません」ガレージに集まった220人の有権者のうち、新しい教育区への参画に賛成した町民の数は10人にも満たなかったのです。私は目に涙を浮かべて立っていました。

ある教室のストーリー——広い意味でのコミュニティの構築

1月のある雪模様の朝、私はニューヨークへ向かうバスに乗っていました。空には雪が舞っていましたが、朝日が顔を出し、曇ったバスの窓から光が差し込んでいました。バスは泥だらけの防寒具を着た小さな町の人々、つまり私の学校の生徒と保護者でいっぱいでした。彼らの多くはこんなに大きな都市を訪れるのは初めてでした。保護者は落ち着いて話し込んでいましたが、生徒たちは興奮と緊張のあまり、じっとしていられないようでした。教育においてエクセレンスを目指すためには、まずインスピレーションとワクワク感が必要です。バスの中はみんなの熱気に満ちていました。

その熱気とは裏腹に多くの生徒たちは静かでした。なぜなら、手話で友達と会話をしていたからです。生徒たちは4時間後に、マンハッタンの耳の聞こえない生徒とペアを組むことになっていたので、直前の練習をしていたのです。

私の生徒たちは全員耳が聞こえましたが、授業でろう文化について深く学んでいました。私も私の家族もろう者ではなかったので、地域コミュニティや友人のろう者に多大な協力をしてもらい、彼らのおかげで授業をすすめることができました。授業ではまず、ろう者に関する国内外の歴史や権利を求める政治運動について学びました。また、ろう者が登場する文学作品を読み、ろう者が主人公のストーリーを創作しました。コミュニケーション障害を研究している大学の協力を得て、音の性質、耳と聴覚の仕組みや働きを学びました。生徒たちは聴力検査の結果を示すオージオグラムを読めますし、人工内耳や補聴器の医学的・社会的問題を説明することができます。聴覚障害を診断する医師、補聴器や人工内耳を処方する人、それらを装着する人、それらの処方に抵抗する人にインタビューもしました。年齢や経歴が異なるろう者をゲストに招き、彼らの持つ価値観、時間の感覚、人間関係、マナー、ユーモアのセンス、人生における優先順位など、ろう者の文化が耳の聞こえる人の文化と大きく異なる点について学びました。ろう者のゲスト、本や動画、クラスでの練習を通して、生徒たちは初歩的な手話を身につけました。

生徒たちはこの学習に一生懸命取り組み、さまざまなことを学び得ることができました。しかし一番重要な学びといえば、ろう文化に対する深い理解でしょう。生徒たちは授業内外で絶えず深い、刺激的な議論を重ねました。ろう文化の中にもさまざまな考え方があり、対立する意見があります。生徒たちは、「口話（手話を用いず、口の動きを読み取る）と手話」「アメリカ手話言語（American Sign Language）と英語対応手話（Sign Language）」「普通学校とろう学校」、「通学制の学校と寮生活をする学校」「人工内耳の手術をすることと、ろう者であることを受容すること」といったトピックについて話しました。生徒たちは何が正しく、公正で、倫理的なのか、混乱し悩みました。多様な人に会って学べば学ぶほど、問題は複雑になり、議論は白熱していったのです。学習を始めたばかりの時は何が正しいのかについて凝り固まった意見を持っていた生徒たちも、自分の固定観念にあてはまらない人々と対面して、白黒を簡単につけられないことを悟りました。本当に素晴らしい体験でした。

この学習の中核となったのは、ろう者の人々との対面での触れ合いでした。生徒たちが並大抵ではないプレッシャーを感じていたのは、テストの点数が心配だったからではありません。確かにテストもありましたが、彼らが懸命に学んだ理由は、継続的にろう者のゲストを招いたり、ろう者のコミュニティを訪問したりすることになっていたからです。テストのために言葉を勉強するのと、実際にその言葉を使って新しい文化に溶け込み、マナーを理解し、友好の架け橋となるために学ぶのとでは全く違います。生徒たちは貪欲に知識を求め、休み時間や放課後にも手話の練習をしていました。

この一連の授業は、同僚のペニー・ギル先生とキャシー・カーツ先生とともに企画をしました。二人ともろう学校で教えた経験があり、その人脈のおかげで、本校の生徒はさまざまなろう学校の生徒たちと関係を築くことができました。生徒たちは、手話を全く使わない口話法の学校、口話と手話の両方を使うトータル・コミュニケーションの学校、アメリカ手話言語のみを使い、書かれた英語を第二言語として教えるバイリンガル・バイカルチュラルの学校を訪ねました。そして今日の訪問先は、特にろう者の多い学校でした。

校長先生をはじめとして、教師、サポートスタッフ、警備員もろう者で手話を使います。私たちは異文化の世界に入る準備をしており、生徒たちだけでなく、私も緊張していました。

バスの窓から外を眺めていると、大丈夫だろうかという疑いの気持ちが頭をもたげてきます。これは大変なことになるかもしれない。今から訪ねるろう学校に、聴者の子どもが大勢で来たことはないとのことでした。一般的にろう者のコミュニティは自分たちが築いてきた繊細な文化を守ろうとし、耳が聞こえる人の訪問にはしばしば慎重な態度を見せます。私が問い合わせたろう学校のほとんどは、訪問することを承諾してくれませんでした。私はよそ者であり、信頼されていなかったからです。彼らは、大勢の耳の聞こえる子どもたちが廊下を歩きまわり、ろう学校の生徒をジロジロ見るだろうと想像していたのでしょう。私が何を伝えても安心させることはできませんでした。そう考えれば、この学校から訪問の許可がおりたのは奇跡のようなことです。私にはこの学校につながりを持つ親しい友人もいなければ、人脈もなかったからです。12月に私が一人で学校を訪れた際、校長先生と先生方は親切にしてくれましたが、今回の訪問についてどのような取り決めが教職員の間でされたのかは知る由もありません。いざ到着してみたら受け入れの準備ができておらず、現場は混乱しているかもしれないし、耳の聞こえる白人の子どもが廊下に大勢いるのを見て、ろう学校の生徒たちが不信感や敵意を抱く可能性もありました。

私はバスの中で5年生のソニアやリサと手話で会話をし、今回の訪問について少し自信を取り戻しました。今日は彼女たちを頼りにすることになりそうです。二人は手話がとても上手ですし、社交的で自信に満ちています。ろう学校の生徒とアイスブレイクを試みる際には彼女らが先頭に立ってくれるはずです。二人のポジティブな精神を心強く感じました。

私の危惧は的中しました。バスはマンハッタン南の混雑した道に到着し、生徒と保護者は人混みと蒸気と騒音に圧倒されながらバスを降りました。私たちは巨大なビルを見上げ、歩行者に揉まれて列を乱されながら歩きました。車の騒音がうるさく、道を指示する私の声はかき消されてしまいます。やっとの思いでろう学校にたどり着きましたが、挨拶に出てきてくれる人はおらず、警備員は私たちの訪問に戸惑っていました。ひとまず地下の薄暗いカフェテリアに通され、担当者を待つことになりました。カフェテリアは大柄のアフリカ系アメリカ人の高校生たちで混雑しており、彼らは若者らしい乱暴さでふざけ回っていました。私たちの学校よりも騒々しいことに保護者たちは驚いていました。好奇心旺盛なろう者の生徒たちが私たちを取り囲み、手話で質問し始めましたが、速すぎて理解できません。生徒や保護者は驚きのあまり、身を寄せあって立ち尽くしていました。私がコミュニケーションを試みようとしたところ、リサが人混みをかき分けて前に出てきて、私たちがここにいる理由を説明しようとしました。その後ようやく、12月に会った先生や5・6年生の生徒がやってきて私たちを2階に案内してくれ、学校見学が始まりました。この訪問のゆくえは私のコントロールの範疇外であることは明らかで、何事もないといいのだけれどと心のなかで願いました。

ろう学校の案内役の生徒たちは素晴らしい対応をしてくれました。私たちを歓迎し、自己紹介をして、私たちのゆっくりな手話を辛抱強く読み解いてくれました。私たちは小さなグループに分かれ、気がつくと生徒も保護者も案内役の生徒に連れられていなくなっていました。私は2時間近く、生徒たちの様子を心配しながら校舎の中を歩き回っていましたが、どのグループも楽しそうに授業を観察したり参加したりしていました。担当の生徒たちは温かく、自分たちの学校を誇らしげに案内してくれ、保護者もすっかりリラックスして楽しんでいました。ろう学校の先生たちもみんな親しげに挨拶してくれました。

私はやっと安心して、プリスクールのクラスを見学していたグループに参加しました。案内してくれたのは、6年生で背が高いアフリカ系アメリカ人の女の子です。彼女は上品に笑いかけながら、大人からの質問にも6年生とは思えない落ち着きを見せて丁寧に答え（私の生徒が保護者のために手話を使いながら通訳を務めていました）、私の生徒たちとは親しげにふざけあい、体育館に行った時には側転をしてみせるなど、遊び心をもって接してくれました。

日当たりの良い教室で和気あいあいと一緒にクッキーを食べ、帰る時間が近づくと、全員が去り難い気持ちになっていました。写真を撮ったりハグをしたりして、また会いましょうと約束をしました。実際に、子どもたちはその後も連絡を取りあっていました。

春の間ずっと手紙やビデオテープのやりとりを続け、今度はニューヨークのろう学校の生徒たちがマサチューセッツまで来て、私の生徒たちの家に1泊する計画を立てました。これはニューヨークの教育区の規則では不可能な計画に思えましたが、ろう学校の先生たちが奮闘し、教育区と保護者の許可をなんとか取り付け、バスを手配しました。ろう学校の校長先生も計画に賛同してくれました。

私のクラスの生徒たちは、数週間にわたってワクワクしながら計画を立てていました。ゲストを迎えるにあたって、良いホストファミリーになるにはどうしたらいいか、と頭を悩ませながら話しあっています。どんな食事を出したらいいか？　どこに連れて行こうか？　ニューヨーク以外を知らないという生徒が多いけど、森の中の小さな町で快適に過ごしてもらうにはどうしたらいいだろう？

クラスで話しあった結果、代表者グループが今回の計画について学校の他のクラスに説明することになりました。ろう学校の生徒たちを迎える計画で期待していることや、どのようにゲストを歓迎するかについて、すべてのクラスに伝えたのです。ろう学校の生徒たちの多くは非白人で耳が聞こえないため、本校の低学年の生徒たちが驚いてしまうだろうということを、前回ろう学校を訪問した時の経験からわかっていたからです。低学年の生徒たちはこの計画に関心を持ち、熱心に耳を傾けていました。また、見知らぬ土地での一夜を快適に過ごしてもらうために、ろう文化における礼儀作法の基本を保護者に教えることにしました。いつものお泊まり会であれば、招いた子どもが快適に過ごせるように親がいろいろと気を配ってくれますが、今回は違います。親は手話がわからないので、生徒自身がホストファミリーとしての責任を負い、お客さんを大切に見守ることをみんなで約束しました。生徒たちはとても楽しみにしていて、何週間にもわたって教室はホストファミリーの話題で持ちきりでした。私はこの計画がうまくいくか心配だったので、隣の州に住むろう者の友人カレン・グリックマンにメールをして、数日間私の家に滞在して助けてもらえないかと頼み、彼女は快諾してくれました。

ついに当日がやってきて、ろう学校の生徒たちが到着しました。保護者の協力のもと、教室で昼食会を開き、カレンが聴導犬デルタとの生活について話してくれました。午後には生徒の一人であるボビーの農場に行き、牛や池の魚に餌をやったり、犬と遊んだり、一緒にジュースを飲んだりして過ごしました。動物と時間を過ごすのは本校の生徒にとっては当たり前のことですが、ニューヨークの生徒にはとても刺激的だったようで、牛に見とれたり、蚊やクロバエを見てパニックになったりしていました。そして、みんなが犬に夢中になりました（犬を飼っているホストファミリーにお世話になった男の子二人は、次の日の朝食前に犬と遊ぶために朝5時に起きたそうです）。私たちは地元の滝も訪れ、岩の上や渦巻く水の中で遊び、みんな一緒にびしょ濡れになって大騒ぎをしました。

ホームステイは順調でした。翌朝、みんながお泊まり会のエピソードを共有するのに1時間もかかったほど楽しんだのです。ろう学校の低学年の男の子は、ホストファミリーになった6年生の女の子から「一緒に寝るおもちゃを選んでいいよ」と言われ、センサーが動きを察知して音が鳴るおもちゃを選んだそうです。男の子が寝返りを打つたびにサイレンが鳴ったそうですが、彼女は男の子がぐっすり眠っているのが嬉しくてサイレンのことを伝える気になれなかったと話してくれました。

今回の訪問の間、目にしたある光景が強く印象に残っています。近くの町の公園で夕食にピザ・パーティーをした後、私たちは夕暮れの通りをアイスクリーム屋に向かって歩いていました。生徒たちは腕を組んで歩道を歩き、女の子たちは手をつないでスキップしていました。黒人、ヒスパニック、アジア系、白人の子どもたち、ろう者も聴者も、都会育ちも田舎育ちも関係なく一緒に。私は彼らの後ろを歩きながら、なんて自分は恵まれているのだろうと思いました。私の若い頃にはありえなかった光景です。彼らと一緒にこの時間を共有していることを幸運に感じました。

２日目、ろう学校の生徒たちは本校の年少の生徒たちと対面したり、幼稚園の子どもたちと一緒に時間を過ごしたりしました。彼らがバスに乗り込み、学校を出発する時になると、生徒たちだけでなく周りの大人たちも涙を流していました。ろう学校で一番大きくタフなバスケットボール選手で、ハンサムなアフリカ系アメリカ人のジェレミーは、バスの窓から本校のバスケットボール選手で大柄な白人のジェレミーを黙って指さしました。二人とも、新しい友達との別れを前に目に涙を浮かべていました。

このろう文化を通した学びは、私が教育で目指していることを体現しており、とても誇らしく思っています。残念なことに、このような学習体験は、今日多くの人が提唱している学校教育の狭い青写真の中には入っていません。私の生徒たちがこの学習を通して学んだことの多くは、州の新しいカリキュラムの「スタンダード」には含まれていないのです。この学習で子どもたちが学んだことのほとんどは、彼らのテストの点数には表れません。ほとんどの先生は、規定の教科書やスケジュールから逸脱する自由を持たないため、同様な授業を行うことは難しいでしょう。新しいカリキュラムの「スタンダード」には、学校の文化を深く掘り下げるための時間も含まれていません。

たとえ標準テストの結果が変わらなかったとしても、私の生徒たちは真正な学びを得たはずです。これから先、生徒たちは常に倫理的な疑問や鑑識眼を持って歴史や科学を学ぶでしょう。深い知的な議論や討論に積極的に参加し、異なる習慣や文化を理解することにオープンになるでしょう。生徒たちは、人種や文化を超えた友情を築き、彼らを自分の家に受け入れて親切にするという、人類で最も偉大な冒険の一つを体験したのです。この学習体験によって彼らの中に芽生えた探究心とエクセレンスの精神が、いつまでも心の中に生き続けることを願うばかりです。この学習体験は、尊敬の念に根ざした文化というビジョンを体現したものです。エクセレンスという概念は、「人としてエクセレンスであること」、つまり「社会にとってかけがえのない人であること」だと広く捉えることができるのです。

第３章　工具箱②エクセレンスを追求する学び方

自尊心は褒め言葉ではなく、「成し遂げる」ことで育まれる

ある土曜日に、私は怒れる校長先生が率いるあの学校を再び訪れました。その日は校長先生が不在で、先生たちは前よりもリラックスして落ち着いていました。校長先生は「学校の方針」に従わない先生を処罰または他の学校に出向させると脅したものの、忙しすぎるのか、そこまで余裕がないのか、先生たちの日常に支障は出ていませんでした。私はいまだに校長先生に会ったことすらありません。先生たちは誰も望みを捨てていませんでした。

薄暗い冬空の日で、駐車場には汚れた雪の巨大な山があり、窓からは屋根に積もった雪が溶けて滴り落ちるのが見えました。職員室の天井が雨漏りしていて、カウンターには白い5ガロンのバケツが置いてあり、ミーティング中にポタポタと音が聞こえてきました。コミュニティの力が発揮され始めようとしていました。大勢の教職員のうち、ミーティングに参加したのはたった12人ですが、始まりとしてはまずまずです。私たちは、ミー

ティングを通して徐々にお互いを知りました。単に私が先生たちと話す時間というだけでなく、先生たちがお互いを理解し、支援しあうきっかけになったのです。多くの教室のドアがいつも閉じられているこの学校で、先生たちのチームワークの良さは歓迎すべき変化でした。

集まったなかには、通常学級の先生、バイリンガルの先生、特別支援学級の先生、そして非常勤の管理職員がいました。私以外の全員が女性で、年齢や経歴はさまざまでした。半数は英語よりスペイン語の方が得意で、残りの先生は逆でした。私たちには学校を良くするという使命と、カリキュラムの教材や備品に使える少額の州の助成金がありました。この助成金は先生たちにとって大きな誇りでした。

私も先生たちも、学校に劇的な変革を起こせると幻想していたわけではありません。小さなところから活動を始め、ずっとその規模のままかもしれません。しかしその日、部屋の雰囲気は希望に満ちていました。

土曜日のミーティングが始まってから、先生たちは平日にも定期的にミーティングを開き、ペアを組んでお互いにアドバイスやサポートをするようになりました。現在のところ、先生たちはカリキュラムやプロジェクトの計画を立て、複数のクラスを組み合わせることに力を注いでいます。州の助成金は「インクルージョン・グラント」と呼ばれ、特別支援学級の生徒や外国語を母国語とする生徒が、通常学級の授業に参加する機会を増やすことを目的とするものでした。

喜ばしいことに、この学校でもこうした取り組みが始まりました。これまで孤立していた生徒たちと、通常学級の生徒たちの間に橋が架けられつつあるのです。先生たちは共同で取り組んだ試みのいくつかが成功したことをとても喜んでいます。通常学級の生徒が、特別支援学級の生徒やスペイン語を母国語とする生徒に不寛容な態度をとるのではないかと心配しましたが、そのようなことはなく、生徒たちは彼らを温かく迎え入れました。少なくとも学校の一部では、新しい文化の種が芽生えつつあるのです。

私たちはまず、先生たちの間で安心して率直に話せる環境をつくりました。次に、私のコンサルティングの中核である、生徒の作品と向きあうことに取り組みます。最初のうち、この作業は少し痛みを伴います。

先生たちは生徒をかばう気持ちから、防御的になりがちです。「作品の質はあまり高くないけれど、生徒たちは頑張っている」と言います。「彼らの生活はとても厳しく、住む場所をしょっちゅう変えなければならなかったり、十分なスキルがなかったりして、自信がないのです。生徒たちが質の高い作品をつくれるようになるには、まず彼らの自尊心を高めなければなりません」

先生が生徒に同情的なのは喜ばしいことですが、私は異なる見解を持っていると伝えます。生徒の自尊心をまず高めて、そのあとに作品の質を高めることはできません。**良い作品をつくり上げるその過程で自尊心が培われる**のです。自尊心は褒められることでは育たないと私は考えています。良い作品をつくれずに悩んでいる生徒や、いい加減な作品を提出してくる生徒は、自分の作品の出来が良くないことを知っており、褒め言葉は真摯に響かないのです。いくら褒め言葉を尽くして彼らの自尊心を高めようとしても、生徒自身が「これは価値があるものだ」と思えることをしない限り、自尊心は芽生えません。

クラスメートを感心させるような発見をしたり、グループの一員として問題を解決したり、他の人から称賛されるようなプロジェクトを立ち上げたり、本当に質の高い作品をつくったりするようになれば、自尊心のある生徒という新しい自己イメージが生まれるでしょう。

ここで、私の第2の工具箱を開けて、作品と思考におけるクラフトマンシップを身につけるための戦略をご紹介します。

力強いプロジェクト

当たり前のように聞こえるかもしれませんが、生徒に質の高い作品をつくってもらいたいのであれば、まず生徒に刺激を与え、彼らの力を引き出すような課題を与えなければなりません。市販のワークシートの空欄を埋めるような課題では、生徒が発揮できるこだわりや創造性は限られます。

私はこれまでさまざまな学校を訪問し、考え抜かれた効果的な課題のモデルを数多く見てきました。私の学校では、生徒の課題はほとんどプロジェクトの中に組み込まれています。先生が選んだ学際的なテーマ（建築、両生類、古代ギリシャなど）を数週間から数カ月にわたって学び、生徒はそのテーマのもとでプロジェクトを進めていきます。これらのプロジェクトは、スキルを高め、理解を深めるための主要な枠組みです。プロジェクトは、カリキュラムの延長でもなければ、必要な学習が終わった後のおまけでもありません。それ自体がカリキュラムの中核をなすものなのです。テーマ学習では、3つか4つの重要なプロジェクトを行い、そのほとんどはリサーチ力、書く力、図表やイラストなどを作成するスキル、そして時には数学や科学のスキルを必要とするものです。プロジェクトを進める過程では、伝統的な学校と同じような講義やスキル習得の授業が行われることもあります。しかし、伝統的な学校の授業とは違って、これらのスキルは生徒が真剣に取り組んでいるプロジェクトですぐさま活用されるのです。

私が生徒のつくった美しい作品を紹介すると、先生たちから「どうして生徒たちは質の高い作品をつくることに、これほどまでにこだわるようになったのですか」とよく聞かれます。「ほとんどの生徒が、4歳の時からそうしてきたからです」と私は答えます。彼らの学校には、質の高いプロジェクト作品を学校のいたるところに展示して称える文化があります。一斉に教科書を音読したり、ワークシートの空欄を埋めたりするのではなく、プレスクールや幼稚園の頃から本をつくり、地図を描き、地域の歴史を調べ、科学の実験をデザインしてきました。5・6年生になって私の教室に来る頃には、質の高い作品をつくることに対する倫理観や理解や意欲が既に備わっているのです。

公立学校のコンサルティングのためにアメリカ各地を回ると、いつも大切なものを得て持ち帰ることになります。それは、先生や生徒が私に見せてくれたプロジェクトの思い出や、運が良い時には生徒のプロジェクト作品そのもの、あるいはその記録やコピーです。

カリフォルニア州メンドシーノの小学1年生は鳥について学習し、同年代の子ども向けの鳥に関する情報サイトを作成することにしました。生徒たちはいろいろと調べてみましたが、低学年の子どもには難しすぎる資料が多く、鳥に関する彼らの疑問に答える情報も見つかりませんでした。そこで、教室のパソコンを使ってネットを検索し、野鳥の専門家向けサイトで助けを求めました。その結果、圧倒される量の返事が届き、アメリカ各地の専門家から電話やメールで答えが寄せられ、各地の鳥の最新情報まで教えてもらうことができたのです。生徒たちは先生の助けを借りながらウェブサイト制作ソフトを使い、アメリカ中から寄せられた豊富な情報をもとに自分たちのウェブサイトをつくりました。

コロラド州デンバーにあるロッキー・マウンテン探検学校のピーター・ツルソン先生は、1年生のクラスを担当しています。生徒たちはキャンプについて学習し、小さな子ども向けのキャンプ・ガイドをつくることになりました。そこで、キャンプを怖がる生徒や、キャンプについてあまり知らない生徒もたくさんいます。そこで、キャンプに関する本を読んだり、キャンプに行ったことのある人にインタビューをしたりしました。何週間もかけて説明文やイラストの素案をつくると、その作成中のガイドを持って実際にキャンプに行きました。クラス全員で1泊2日のキャンプに出かけ、そこでキャンプ・ガイドを活用したのです。予想した通り、多くの修正すべき点が見つかりました。生徒たちはキャンプから帰ってきた後、さらに知恵を絞ってガイドを改良していきました。

マサチューセッツ州レキシントンのスティーブン・レヴィ先生が教える4年生のクラスでは、生徒たちが手工具と釘を使って自分たちの使う机を設計・製作しました。それだけでなく、生徒たちはこのプロジェクトの資金を調達するために、非営利団体を立ち上げてパンを販売したのです。小麦を育てて収穫し、手製の機械を使って小麦の実を分離して粉砕し、挽いてできた小麦粉でパンを焼きました。地元の企業も投資に協力してくれ、集めた資金で机をつくるための木材を購入することができました。スティーブン先生は、この素晴らしいプロジェクトを著書『ゼロから始める』（未邦訳／*Starting from Scratch*）で紹介しています。

デンバーのデビッド・コーンウェル先生のクラスの4年生は、ヘンリー・デイヴィッド・ソローについて学ぶために、『森の生活』に登場するソローの小屋の実物大模型を校庭につくりました。そして寄付金を集め、クラス全員でボストンにあるウォールデン池〔ソローが小屋を建てたところ〕を訪れ、そのほとりにある家に1週間滞在しました。ボストンの史跡にも訪れ、レキシントンではスティーブン・レヴィ先生のクラスと一緒に、世界中に銃声がとどろいたというレキシントンの戦いを町の広場で再現しました。

アイオワ州ダビュークの6年生は、デブ・フォーディス先生やゲリ・マロイ先生と一緒に、地元の老人ホームで奉仕活動のプロジェクトを行いました。生徒は高齢者とペアを組み、老人ホームへの訪問やインタビューを通じて良好な関係を築いていきました。生徒はそれぞれ、ペアになった人生の先輩の肖像画と詳細な伝記を制作してプレゼントしました。生徒と高齢者の良い関係性や生徒の作品の質の高さに注目が集まり、このプロジェクトをきっかけに始まったパートナーシップ・プログラムは2万5千ドルの助成金を得ることができました。

ボストンのラファエル・ヘルナンデス校の中学生は、ロックスベリー地区の空き地の調査に取り組みました。まずその土地の歴史を調べ、近隣住民に空き地をどのように使ってほしいかをインタビューしました。そして市役所の職員、ハーバード大学ランドスケープデザイン科の教授や学生たちと協力し、空き地の活用方法を検討しました。プロジェクトの最後には、その土地にふさわしい建物や庭園や遊び場などの設計図と縮尺模型を作成し、ボストン市長に提案書を提出しました。その結果、空き地の一つは後にコミュニティガーデンへと生まれ変わったのです。

すべてのプロジェクトがこのように大がかりであったり、社会に貢献する活動であったりするわけではありません。私の学校では、スキルを教えるための小さなプロジェクトが常に行われています。しかし、たとえ小さなプロジェクトであっても、多くの聴衆を前に成果を発表することを念頭に、生徒たちは一生懸命取り組んでいます。

学校教育における「プロジェクト」は、一般的にあまり評価されていません。これには理由があります。このプロジェクトモデルは、私が子どもの頃に取り組んだ「プロジェクト」とは全く別物です。私が小学生だった頃、プロジェクトといえば毎年行われるサイエンス・フェアのための準備を意味していました。先生はこう宣言するだけです。「1カ月後にサイエンス・フェアがあります。プロジェクトの締め切りは5月1日です。頑張ってください」

サイエンス・フェアのやり方にはいくつか問題があります。まず、プロジェクトは学校で勉強している内容とは全く関係がありません。学習した成果の集大成として発表するのであれば、日々の学習の質を高める刺激になります。しかし、サイエンス・フェアは学校での学びからはかけ離れた、いわば1日限りのカーニバルみたいなイベントでした。生徒（あるいは親）は、家にある材料やきょうだいが過去にやったことをもとに、それぞれが勝手にテーマを決めます。クラスメートが何に取り組んでいるかを知らないので、その最終成果物にもほとんど興味を持ちませんでした。学校ではなく家で作業をするため、親の助けを借りて取り組む生徒も多く、お金や時間に余裕がある恵まれた家庭の生徒が非常に有利でした。子どもながら、プロジェクトが本当に（あるいはどの程度）生徒の手によるものなのか、先生はどうやって見分けているのだろうと不思議でなりませんでした。

優れた科学的アプローチがどんなものか、生徒たちは全く理解していませんでした。データの妥当性や有意性、制御条件や変数の理解もなかったのです。仮説を立てて検証するプロセスも、プロジェクトを合理的に小さなステップに分解して少しずつ進める方法も、教わっていませんでした。時間を管理することの重要性も学んでいなかったので、サイエンス・フェアの前夜に慌てて何かをつくろうとする生徒もいました。私もこの部類で、「人は失敗から学ぶ」と言いますが、私には当てはまらなかったようです。毎年同じように、締め切り直前にパニックに陥っていました。

サイエンス・フェア当日、生徒の大半は作品を持ってきましたが、中には何も持ってこない生徒もいて、「失敗者」とみなされました。作品の多くは直前につくられたものか、あるいは大人がつくったと思われるものでした。科学のプロジェクトを批評したことも、良いプロジェクトの基準を学んだこともない生徒たちは、作品をどのように評価すべきかわからないまま会場を歩き回り、見栄えの良さだけを理由に評価しました。その後、いくつかのプロジェクトにはリボンがいつのまにか魔法のように付けられていましたが、それらは生徒たちに人気があった作品ではなく、混乱と苛立ちの元になりました。私たちにとって、プロジェクトの評価基準は全くの謎に思われたのです。サイエンス・フェア終了後、生徒の理解や日々の学習の質が高まるという効果はほとんどありませんでした。

他には、読書プロジェクトというものがありました。パートナーとの共同作業が認められている以外は、サイエンス・フェアと同じです。私は4年生の時にチームでの読書プロジェクトに取り組みました。先生は生徒たちに、プロジェクトの締め切りは1カ月後だと伝えました。友達のダグが「一緒にやらない?」と声をかけてきて、私は「いいよ」と答えました。しかし私たちは約28日間、そのことをすっかり忘れていたのです。ある授業で、「今週、読書プロジェクトの締め切りがあります」と先生に言われてから、ようやく取りかかりました。

放課後に自転車でダグの家に行って、読書プロジェクトについて話しあいました。ダグが『ペコス・ビル』というカウボーイの本をテーマにしようと提案しました。私はその本を読んでいませんでしたが、ダグは「問題ない。西部のジオラマをつくればいいんだ」と言い、本の一場面について説明しました。私とダグは、私の家の地下室で、砂を入れた靴箱と弟のカウボーイのフィギュアを使ってジオラマをつくることにしました。私が背景をいい感じに描いてジオラマを完成させ、未提出のクラスメートもいるなか、締め切りの日に学校に持って行きました。私たちのプロジェクトの成績はAでした。でも私は、ペコス・ビルが誰なのか最後まで知らないままでした。

これとは対照的に、私の学校で行うプロジェクトでは、すべての子どもがきちんと取り組むことを前提にしています。ただ終わらせるだけでなく、その子なりにエクセレンスを追求した作品をつくることが目的です。宿題として家で取り組む場合もありますが、**教室こそが創造の拠点であり、プロジェクトの作業場**だと考えます。作業場から生み出される作品全体の質は、クラスメート全員の関心事です。もし一人でも苦労している生徒や、いい加減に作品をつくっている生徒がいれば、それは全員の問題です。作業場での学びと作品の質にはクラス全体でプライドを持っており、高い基準を目指そうというピア・プレッシャーがあります。これらのプロジェクトはのちに一般に公開されることを全員が知っています。出来の良くない作品は全員の責任なのです。

プロジェクトにはルーブリックという評価ツールやチェックリストがあり、生徒それぞれに何が求められているかが明確にされています。このルーブリックには、プロジェクトに必要な要素、完成までのタイムライン、プロジェクトの質をどのように測るのかなどが正確に書かれています。多くの場合、これらのルーブリックは先生と生徒が一緒に作成します。

プロジェクトは、生徒が大幅な遅れや大きな失敗をすることがないように構成されています。プロジェクトには明確なステップがあり、それぞれの過程でスムーズな進行を確認するチェックポイントがあります。私の教室の壁には、プロジェクトに必要な要素をすべてまとめた大きなチェックリストが貼ってあり、進捗をモニターしている生徒が、朝礼でクラスメートの進み具合について報告します。このような各生徒の進捗をチェックするプロセスは、先生やクラスメートとのミーティングや批評の時間でも行われ、プロジェクト終了まで続きます。

生徒の学習のペースやレベルはさまざまであるため、プロジェクトには能力の幅に対応する柔軟性が必要です。ほとんどのプロジェクトには、全員が達成すべき必須項目と、ペースが速い人が取り組む選択項目があります。私のクラスには読解力が成人レベルの生徒から重度の学習障害がある生徒までいて、標準的な評価軸では彼らの能力のひらきは10歳差にまでなります。しかし、どの生徒もプロジェクトの必須項目を必ず達成し、自分のベストの能力と洗練度で完成させます。

プロセスは普遍的ですが、最終成果物は一様ではありません。例えば地方自治体の建物の設計モデルを作成するという課題では、次のようなスキルや知識の獲得が求められます。地域社会のニーズの理解、建築デザインの原則、ゾーニング〔建物の用途別に地域の空間を区分けする規制〕、法規制、建築の計画書の作成、レイアウトの規則、測定と幾何学、縮尺図、建築設計ツールの使い方、建築模型のつくり方などです。この過程では建築家や自治体関係者の協力を仰ぐ必要があり、失礼なく大人と連絡を取るために気をつけるべきこと、電話やメールでのインタビュー、取材の記録、ビジネスレターやお礼状の作成、現場訪問の手配、現場での写真撮影やスケッチなどを学びます。しかし、この枠組みのなかでも、生徒が個性や芸術的な感度を発揮する余地が多くあるのです。どのような建物を選択し、誰にコンタクトを取るかを決め、情報を集めてインタビューを手配する過程では、実生活におけるあらゆる要件や制約に対応できるよう、生徒は独自のデザインを組み立てなければなりません。

幼稚園でも、プレッシャーはそこまで高くないものの、生徒一人ひとりが成長し、達成することができるよう慎重に練られたプロジェクトに取り組みます。私の生徒たちは、昨年の全校集会で幼稚園児がプロジェクトを発表するのを手伝いました。そのプロジェクトで幼稚園児は、リンゴを収穫し、年上の生徒に助けてもらいながらリンゴに顔を彫り、塩水に浸し、時間が経って縮んだリンゴで老人の顔をつくりました。彫った顔に体や洋服をつけてリンゴ人間を完成させ、背景のジオラマをつくり、名前や年齢や家族構成など、さまざまな設定について考えました。そしてリンゴ人間の伝記を書き、家も設計しました。幼稚園児たちは、読み書きや手先の器用さなどの能力にばらつきがあります。それでも、年上の生徒たちの助けを借りながら、園児全員が5歳児ならではの想像力で、独創性と奇抜さを備えた美しい作品をつくり上げることができました。

作品を通して読み書きの力を育む

生徒の力強いプロジェクトの作品を先生や校長先生に紹介すると、次のような反応が返ってくることがよくあります。「この作品は本当に素晴らしいけれど、私たちにはプロジェクトをする時間がありません。生徒たちに、基礎的なスキルを教える必要があります。プロジェクトやテーマ学習に時間を費やす前に、子どもたちに読み書きをしっかり教えなければならないのです」

このようなコメントを聞くたび、私の伝えたいメッセージが明確に伝わっていないことに気づかされます。プロジェクトとは、それ自体が基礎レベルのスキルと高次のスキル双方を教授するものです。しかし、「プロジェクト」という言葉はほとんどの人にとって、カリキュラムの学習が終わった後に行う、おまけの活動を連想させるのです。先生たちに説明する際には、プロジェクトを通して子どもたちは読み書きや数学の力をつけられるのだと強調する必要があります。あるテーマについて学習する時、生徒は本や記事をたくさん読むことになります。ほとんどすべてのプロジェクトで、偉大な作家の本を読んで理解し、文章を書き、リサーチをすることが必要です。つまり、単に読み書きの機会が多いだけでなく、プロジェクトを通して実践的な読み書きのスキルを教えているのです。「読み書きを教える時間」を設けるのではなく、プロジェクト全体を通して継続的に、読み書きの能力を高めるための指導が行われます。

生徒のプロジェクトで良い評価を受けたものとして、前述のラドンガスのプロジェクトや、井戸水の純度を調べるプロジェクトがあります。どちらも町内の安全性を評価するプロジェクトで、科学研究またはサイエンス・プロジェクトと呼ばれます。名前からわかるとおり、生徒たちは数カ月間にわたって科学者としてプロジェクトに取り組むのです。実は、このプロジェクトは数学の要素も多分に含んでいます。生徒たちは全員、データ分析やグラフ作成が得意になり、エクセル（表計算ソフト）を使いこなせるようになりました。また、意外かもしれませんが、資料を読んでレポートを書くなど、読み書きのスキルを磨くために多くの時間を費やしています。

生徒たちはプロジェクトに必要な背景知識を得るため、何カ月も資料を読むことに没頭しました。必要とする情報は小学校や中学校の科学の教科書には載っていませんし、一般的な資料は教科書のように表面的でわかりやすい形にまとめられていません。私たちは、科学論文、新聞記事、政府の報告書、情報パンフレット、学術書の抜粋を参考にしました。また、必要な備品を注文するために専門的な科学器具のカタログや、水質検査のテストキットの説明書も読みました。これらの文章はすべて、きちんと理解するためには読解力を必要とするものです。私は生徒たちに、科学分野の資料やさまざまな情報テキストを読む能力を身につけてもらうため、継続的に読解力を鍛える機会をつくりました。

私たちは協力しあいながら、難しい文章の内容を理解し、新しい語彙をたくさん覚え、さまざまな形式で提示される情報を読み解くことを学びました。生徒たちはやる気に満ちていました。プロジェクトを成し遂げるためには、情報を正確に読み解くことが不可欠だと理解していたからです。町中の人々は私たちに期待していましたし、プロジェクトの成功には人々の命と健康がかかっていました。生徒たちは資料の読み込みに真剣に取り組みました。

検査結果とその解説を記載した、各家庭向けの個別レポートと町に提出する全体レポートを作成するため、生徒たちは科学の専門的な文章の書き方を学ぶ必要がありました。彼らは日々の授業のなかで、科学の報告書を読み、その文体や表現を分析してレポートの書き方を学びました。また、町の家庭や町役場の人々に、どうすればデータの結果を正確に、かつ論理的な責任あるやり方で伝えることができるかをグループで話しあいました。検査方法やその結果を文章で表現する練習をし、レポートを批評し、説明を書き直しました。人の命や健康に関わることなので、言葉の細部にまで気を配ることが重要です。説明が明確でなかったら、誤解を招いたり、町民の間にパニックを引き起こしたりしてしまうかもしれません。生徒たちはレポートのすべての文章に細心の注意を払いました。家庭への手紙や報告書は、クラス全員の責任のもと、科学的に正確な言葉で書かれていました。

読み書きの指導を見学しに教室を訪れた人は、水質プロジェクトの科学の授業を見ようとは思わないかもしれません。でも実は、水がテーマであるこのプロジェクト中には、『ハックルベリー・フィンの冒険』をはじめ、多数の本を読みます。ギリシャ神話やホメロスの『オデュッセイア』も読書リストに入っており、５種類の子ども向けバージョンと、３種類の大人向けの翻訳本を比較しながら読みました。ライティングでは『オデュッセイア』に関連したプロジェクトに加え、水辺を舞台にしたオリジナル小説を全員がそれぞれ制作しました。これらの活発な文学作品の分析や創作活動はとても大切なものですが、科学の活動も同じくらい読み書きの能力を高める上で重要です。私に言わせれば、これらの学習はすべて読み書きの能力につながるものなのです。

プロジェクトを学習の中心に据える学校文化では、いつ読み書きのスキルを教えるのかと聞かれますが、これに対して私は「一日中です」と答えます。実際に、それこそ私が一日を通してやっていることなのです。

「ほんもの」の研究

教育現場において、先生と生徒が一緒に新しい分野を開拓する「ほんもの」の研究ほどワクワクするものはありません。訪問先の学校や教育会議などの場で、地域の歴史や自分たちの住む環境について一緒に研究している先生や生徒に会うと、彼らの高い熱量を感じます。生徒も先生も、自分たちのアイディアや問題意識や仮説、研究の結果について話そうと、先を争うようにして声をかけてくるのです。生徒たちが、研究過程のストーリーや新しい知識をたくさん持っていてワクワクしているのがわかります。私の学生時代を振り返っても、そんな情熱を持ったことはありません。

私も、学生の頃に科学の実験には何度も取り組みました。しかし実験とは名ばかりで、本当に実験していたわけではなかったのです。先生があらかじめ「こうなる」とわかっている結果を得るために、本の中で説明されている科学的な手順を忠実に再現していただけでした。効率よく、完全に手順通りに進めていき、意図した結果を得ることがこの作業の目的でした。実際に、材料を使って本当の意味で実験をしようとした生徒は、たいていトラブルに巻き込まれていました。こうした実験の忠実な再現でも、きちんとした指導があれば、概念や原理の理解につながる実践例になり得ます。しかし、私が学生の頃に行った実験には真なる発見に対する興奮はありませんでした。

私が多く経験したのは、指示どおりに百科事典で所定の項目を調べ、そこに書かれていることを自分の言葉でまとめてレポートにするというものでした。このプロセスを通して、規定に従って質の高いレポートを書くスキルが培われたかもしれません。しかし残念なことに、そのようなやり方を続けていても、時間的な制約や方向性が本来あるべき条件からかけ離れていて、真に優れた研究ができるようになることはありません。真に優れた研究とは、幅広い資料を調べ上げ、データをじっくりと分析し、独自の仮説を立てて実験をし、新しいことを見出し、多くの草稿の末に最終報告書を作成するというプロセスです。もちろん、学生だった頃の私は、ただ百科事典の構成や言い回しを自分の言葉や文章に置き換えて効率的にレポートを書こうとしていただけで、そもそも研究においてエクセレンスを追求するというビジョンを持っていませんでした。

教師になった今は、「ほんもの」の研究の機会はあらゆるところにあると実感しています。どの町や都市にも、放置されたままの公文書、誰も調査していない環境の変化、その歴史が明かされていない家族や会社がたくさんあるのです。どのコミュニティにも、高齢者、移民、職人、退役軍人、事故や大きな悲劇を生き抜いた人など、これまで語られることのなかった人たちがたくさんいます。

マサチューセッツ州ケンブリッジにあるグラハム&パークス中学校のキャシー・グリーリー先生の生徒たちは、町の建物について公共の記録を調べたり、地域住民へインタビューしたりして、地域コミュニティのガイドブックを作成しました。メイン州ポートランドのキング中学校の生徒たちは、学校近くの湾に生息する野生動物の野外ガイドを作成するために、本やコンピュータで調べるかたわら、ウェットスーツ、マスク、シュノーケル、足ひれを装着して湾内に入り、実際に水中で生物を観察したりスケッチしたりしました。

このような体験は小さい年齢の子どもでも可能です。ワークシートに追われる日々を送る不幸な幼稚園児もいますが、5歳児ほど調査や発見に適した時期はありません。最も興味深かった研究のいくつかは、低学年の子どもたちと一緒に行ったものです。何年も前になりますが、私は小学1年生とカタツムリの研究をしました。二人一組で小さなテラリウム（植物や生物を密閉されたガラスケースで飼育・栽培する方法）を共有し、それぞれが自分のカタツムリの世話をしました。私たちはカタツムリについて、世界中の誰よりもたくさん学びました。研究の目的はただ一つ、カタツムリを健康で幸せにすること。そのために、カタツムリが好む食べ物や環境を知る必要がありました。生徒たちはまず既存の資料を調べましたが、そこにある情報では不十分なことにすぐに気がつきました。カタツムリの食べ物リストが短いだけでなく、特に何が好みなのかもわからないのです。カタツムリに与えても安全な食べ物について学んだ後、生徒たちは手に入る限りのあらゆる種類のパン、シリアル、クッキー、野菜や果物を試し、どのくらいの量をどれだけ早く食べたかをリストにまとめました。最終的には140項目以上からなる「カタツムリが好きな食べ物リスト」ができあがり、その多くに詳しい説明もつけました。

生徒たちは、どのような生活環境が最も適しているかを調べるための実験を考えました。カタツムリは暑いのと寒いのとではどちらを好むでしょうか。明るい場所と暗い場所、白と黒、湿っているところと乾燥しているところ、黄色と赤だったら？　画用紙、電球、氷、紙やすり、ガラス、木、布、数種類の土、コケ、植物、香水など、ありとあらゆるものを使って、生徒たちは実験環境をつくり上げました。赤と黒の紙の間にカタツムリを置いたところ、カタツムリは方向を変えて赤い紙の上に移動しました。カタツムリは赤が好きだと結論づけた生徒もいましたが、グループの話し合いでそれは思い込みかもしれないという意見が出て、同じ実験を10回繰り返してみることにしました。その結果、ほとんどの場合、カタツムリは赤のほうに移動したのです。やはりカタツムリは赤が好きなのだと確信した生徒もいましたが、ある生徒が変数について議論した時のことを引き合いに出して、他にも結果に影響している要素があるのではと指摘しました。赤い紙は窓際の明るい環境にありました。もしかするとカタツムリは光に引き寄せられたのかもしれません。黒い紙の滑らかな質感が影響したと考える生徒もいました。あるいは、カタツムリには色そのものは見えないけれど、暗い色合いよりも明るい色合いを好むのかもしれない。そこで私たちは、実験結果から結論を導き出せるように、できるだけ変数を排除した状態で何度も実験を繰り返しました。生徒たちは、カタツムリについて学んだだけでなく、実験のテクニックも学んだのです。

学校で統計を扱うプロジェクトを行う機会はいくらでもあります。私の生徒たちは、さまざまなプロジェクトでデータ解析をしました。水質検査やラドン検査だけでなく、町役場に協力して町の人口推移に関する分析も行いました。教育委員会と協力して、学校の環境や安全性を調査・分析したこともあります。また、慈善活動への寄付の判断材料とするために、国際的な金融情勢のデータの分析もしました。

多くの教師にとって、生徒が独自の研究をするような授業は簡単ではありません。「理科や社会科の教科書に載っていない内容や、州の最新のカリキュラムの方針にないものは、教えてはいけない決まりである」「理科の授業は30分の枠が週3日のみ」といった制約があるのをよく聞きます。このような制約の中で授業をしている先生たちに、私は次のようにアドバイスしています。決められたカリキュラムに沿ってプロジェクトのトピックを選び、時間を有効に活用し、移動の制約をできる限りなくすことです。

さらに大きな壁となるのは、教師の自信と経験です。多くの教師は、独自の研究をした経験を持たないため、研究が軸となる授業に挑戦することを恐れています。特に小学校の理科の先生から「実は、本当の研究というものをほとんど知らない」と言われることがよくあります。そんな先生にまず提案したいのは、「自分はすべてにおける専門家でなければならない」「あらゆる答えを知っている人間でなければならない」という思い込みを捨てることです。その代わり、自分は生徒と一緒に共同研究をしているリーダーであると考え、共に学べばいいのです。教師として科学的・歴史的な研究手法の基本を教える必要はありますが、科学者や歴史家などの専門家を外部から招き、サポートしてもらうこともできます。

私の学校では、プロジェクトを計画する段階で教師は外部の専門家と相談し、彼らを教室に招いて調査の指導や批評を手伝ってもらいます。また、生徒を専門家のオフィスや研究室、フィールドワークの現場などに連れて行きます。生徒たちは、プロジェクトの過程でメールや手紙、電話などで専門家にしばしば連絡を取ります。

私たちは専門家に敬意をもって接します。彼らの専門分野に対する純粋な関心を示し、丁重なやりとりを心がけます。教師は、生徒たちが礼儀正しく振る舞うだけでなく、彼らの専門性に敬意を表し、その功績を理解して上手に活用できるように気を配らなければなりません。専門家が学校を訪れる際には、生徒たちが駐車場まで出迎えて歓迎の挨拶をし、教室まで備品を運んだり、飲み物や軽食などを出したり、レクチャーの準備を手伝ったりします。プロジェクト終了後には、作品のコピーをお礼状と共に送って感謝の意を示します。このようにして、私の住む地域の多くの専門家は、私たちの学校の生涯の友人となり、支援者となりました。

アートの力

数年前、何人かの先生が私の学校を見学するために訪問しました。プレスクールから

6年生までの授業を視察し終えて、彼らは混乱しているようでした。彼らは理科の先生たちで、訪問前に水質調査プロジェクトのビデオを見て、本校が理科のマグネットスクール（特色あるカリキュラムを持つ公立学校）であると思い込んでいたのです。しかし見学後、「ここは芸術のマグネットスクールのようですね」という声が聞かれました。幼稚園児は自作の大きな木彫りに色を塗っていました。4年生は暗室で写真を現像し、コンピュータで写真を編集していました。6年生の女の子は読書プロジェクトの一環として教室でチェロのリサイタルを開いていました。廊下は壁画、絵、設計図、コラージュで埋め尽くされていました。

多くの教育関係者が、音楽を学ぶことで数学のテストの点数が上がるのか、視覚芸術に触れることでSATで測定されるような空間的知能が高まるのかを議論しています。しかし、芸術をどの程度カリキュラムに組み込むかを決める際にテストの点数を根拠にすべきだと考える人には、その研究からいったん離れて、芸術教育に真剣に取り組む学校を訪れてほしいものです。ハーレム少年合唱団の演奏やダンスシアター・オブ・ハーレムの公演を鑑賞してみてください。芸術を通して子どもたちの心に培われるもの、つまり情熱や物事に真剣に取り組む態度やコミットメントを必ず目の当たりにすることができるでしょう。

ハーバード・プロジェクト・ゼロ（ハーバード大学教育学大学院の教育研究機関）のリサーチディレクターであるスティーブ・サイデル氏は、生徒や地域コミュニティのみならずべての人が持つ「美」への欲求について語ります。美しいものがもつ魅力。それは古来さまざまな文化が花開く強力な原動力となってきました。それなのになぜ、学校という場所では芸術が子どもたちの心に火をつける起爆剤としてほとんど活用されていないのでしょうか。

私たちが問うべきなのは、授業の一環として芸術を取り入れる余裕があるかどうかではなく、どのようにすれば生徒が芸術家のようにこまやかな気配りや気遣いを持てるようになるのか、ということです。私の学校ではどの学年でも、生徒は自分が学んだことを何らかの形で作品として表現し、他の生徒と共有します。解説、創作物語、詩、展示物、図、地図、イラスト、ポスター、模型、コンピュータでのプレゼンテーション、写真、スライド、ビデオ、演劇、音楽、ダンス……。文章や図を使った作品の発表、口頭発表、身体パフォーマンスなどはすべて、美的な視点や感覚のもと準備され、批評され、さらに磨かれ、鑑賞され得るし、またそうされるべきです。演劇、音楽、書道、写真など、どんな芸術分野でも同じことが言えます。芸術を愛し、洗練された作品をつくることを通して、生徒は自分自身や作品を大切に表現することを学ぶのです。

大学院時代、友人で日本人のえいこさんが日本とアメリカの両方で就職活動をしていました。彼女は、アメリカの企業にはコンピュータで作成した履歴書を送り、日本の企業には書道用のペンで手書きした履歴書を送りました。筆跡で人柄を判断されることがあるからです、と彼女は教えてくれました。ここには感性をひらく美的な文化があります。

すべてのものに美を見出そうとする営みは意味深いものです。食べ物の盛り付け、挨拶の仕方、家の間取りに至るまで、すべてのものに美的感覚が生かされています。芸術はいたるところにあり、すべてのものが芸術なのです。この倫理観が教室に浸透すると、レポートや掲示物、お礼状、数学のグラフといった課題はすべて、生徒が美しい作品をつくるチャンスになるのです。

私の学校で美術とは、例えば火曜日の午後1時45分から2時20分の間だけに行われるものではありません。私たちがすることすべてに含まれているのです。作家、音楽家、彫刻家、舞踏家、俳優といったアーティストを授業に招き、彼らの作品からインスピレーションを受け、彼らに批評をしてもらい、その技術を教えてもらいます。小学6年生がポートフォリオを発表する卒業審査会では、楽器や歌の生演奏、あるいはダンスや演技の動画を発表する生徒もいて、学習面の成果はしばしばそうした芸術的な作品で表現されるのです。

私たちは作品に使う材料にもこだわりを持っています。生徒たちは、教室で使っている材料がプロ仕様の高品質なものであると知っています。アーティストや建築家、科学者を訪問すると、すぐに道具や材料についてのディスカッションが始まります。スニーカーやマウンテンバイク、ビデオゲームに夢中になるのと同じくらい、彼らはどの消しゴム、色鉛筆、デザイン用のペンや筆、製図用テンプレートが最高かということを熱心に話しあうのです。これには理由があります。彼らは何週間もかけて草案をつくるので、使用する白い消しゴムは摩耗せず、紙を破らないタイプのものであること、そして色鉛筆は柔らかく、豊かで鮮やかな色彩を出せることが非常に重要なのです。

質の良い理科の器具や美術の材料は高価なので、資金を探したり寄付金を集めたりすることや、備品や材料を大切にする雰囲気をつくることが必要です。生徒たちは自分が使う道具や材料の値段をすべて正確に知っています。紛失や誤用があった場合は、クラスのみんなや先生がどのくらい腹を立てるかもわかっています。私は常に、質の高い道具や材料を教室に置いておくことで、どんな経済状況の家庭の生徒でも必要なものを手に入れられるようにしています。一方で、私は生徒に自分で買うことも勧めています。自分が所有する道具や材料を生徒は大切にする傾向があり、ラベルを貼ってきちんと手入れすることを学びますし、学年末には家に持ち帰ることもできるからです。また、家庭に学校で使う道具や材料の詳細なリストを送り、誕生日やホリデーの贈り物を考える際、CDやゲームの代わりとして参考にしてもらえるように提案しています。それほど裕福ではない家庭でもデザイン用のペンや色鉛筆なら子どもに買い与えやすく、それらを手に入れた子どもたちはみんな誇らしげでした。また、高校や大学に進学した本校の卒業生はたびたび、小学校6年生の時に買ったベロール社プリズマカラーの色鉛筆セットを今でも大切に使っていると話してくれます。

あるコンサルティングの仕事で、問題を抱えた都市部の大規模な中学校の授業を見学しました。放課後、先生たちは「生徒は学校をどうでもいいと思っているのです」と訴えました。しかし、私が受けた印象は正反対で、ほとんどの生徒がアートに深い関心を持っていると感じました。彼らはウォークマン〔小型の音楽プレイヤー〕を持ち歩き、チャンスがあればいつでも歌をこっそり聴こうとしていました。歌詞をノートに書いて暗記し、批評し、廊下で歌っていました。授業中も先生に見えないようにして絵を描いたり、自分の名前をいろいろな字体で書いたりしていました。彼らに学校生活について聞いてみると、彼らは権威的なものに反抗しているわけではなく、むしろ情熱的かつ理想主義的で、怒りに満ち、混乱していました。そしてアートは、彼らが自身の混乱を理解する助けになっていたのです。しかし、残念なことに、予算の削減や科目の優先度の見直しを理由に、美術の時間は学校のカリキュラムから削られていました。生徒のアートに対する情熱に注目し、学校へのコミットメントを高めるのに活用しようというアイディアが議論されることはなかったのです。この学校には、合唱や演劇、学校の壁にみんなで絵を描くといった、生徒の創作意欲を掻き立て、協働を促すような活動がありません。アート的要素のあるプロジェクトがなかったため、生徒が価値のある作品をつくり上げようとする過程で、さまざまな表現形式のルールや活用方法を理解し、自分を表現する方法を学び、自分のアイデンティティを模索する機会を持たなかったのです。

ある日、私は美術のプログラムで知られる私立の進学校を訪ね、校舎にある絵画スタジオに足を踏み入れました。高い天井には天窓があり、壁には生徒が描いた印象的なキャンバスがいくつも掲示されていました。雑然としたカウンターの上にはペンキが飛び散ったカセットプレーヤーがあり、クラシック音楽が流れていました。先生はイーゼルに向かう生徒のそばに座り、生徒が描いた印象派の豊かな絵画を批評しています。その周りには5人の生徒それぞれがイーゼルに向かって夢中で作業をしており、私が入ってきたことにも気づきません。この6人が、3年生のクラスの全員でした。私は、感動すると同時に悲しい気持ちになりました。すべての生徒がこのような環境を与えられるべきなのです。

モデル

私が見習いの大工だった頃、私に大工の技術を教えてくれた親方は、あまり口頭で説明することはありませんでした。正しいドアの組み方や窓枠の留め継ぎの方法を教える際には、実例を見せながら説明してくれたのです。どんなに言葉を尽くすよりも、一つの優れたモデル（模範）の方が多くのことを教えてくれます。その経験から、私は常に自分が目指しているビジョンを頭の中で描くことを心がけるようになりました。質の高い仕事とはどのようなものかを具体的にイメージしたのです。

私は生徒たちに、質の高い作品をイメージするようにと伝えてきました。エッセイや科学実験の出来を評価するルーブリックやリストをつくるだけでは十分ではありません。評価基準を明確にすることはもちろん重要ですが、それらが完成図のイメージやビジョンやひらめきを与えてくれることはありません。素晴らしい文学作品を一緒に読んで分析したり、偉大な科学者の研究を学んだりしても、それだけでは不十分です。力強いエッセイを書くことや、優れた実験をデザインすることを生徒に求めるならば、優れたエッセイや実験がどのようなものかを彼らに示す必要があります。生徒たちは、モデルを見て素晴らしいと感じ、そこからインスピレーションを得て、長所と短所を分析する必要があります。何がこの作品に力強さを与えているのかを一緒に考えなければなりません。

そのため、私は良い作品（good work）を集めることに人生を費やしているのです。そのほとんどは自分の生徒の作品ですが、他のクラスや訪問したアメリカ各地の学校の生徒の作品もあります。新しいプロジェクトを始める時には、生徒と一緒にモデルが収められているライブラリーにアクセスして、作品のスライドやコピーを見ながら、一緒に感嘆の声を上げ、批評し、分析します。私の生徒たちはあらゆるモデルを見ることをとても楽しみにしています。生徒たちは、数学の課題、ダンスのパフォーマンス、科学の調査など、これから取り組む課題がどんなものであっても、自分の目指したいビジョンとなるモデルを探すのです。モデルは教室の壁やカウンターに展示され、生徒はプロジェクトの期間中、何度も自分の制作中の作品と過去の優秀な作品を見比べます。私は、最終的にでき上がった作品はもちろんのこと、その作品の制作過程もモデルとして保存し、草案が洗練されていくプロセスを見られるようにしています。

何年も前、ポートフォリオ評価に関する座談会に出席した時のことです。参加していた先生たちが、生徒の書いた鋭い自己分析や自己評価を共有していました。私は感銘を受け、自分の学校でも生徒による自己評価を導入したいと思いました。ところが、実際に試してみたところ、思ったようにはうまくいきませんでした。私は生徒たちに、自分の強みや弱みや成長について内省したことを書いてもらいました。また、各プロジェクトあるいは学校生活全体を通して成長したことについて振り返ってもらいました。しかし、生徒の答えは一文または一言だけで、表面的な整合性や文章の正確さに焦点を当てたものがほとんどでした。自己批評は浅いものにとどまり、自身の内面に迫るような洞察は見られなかったのです。

私は前述の座談会を再び訪ね、自分のクラスでは全くうまくいかなかったことを伝えました。友人のキャシー・グリーリー先生は笑って言いました。「あなたはモデルのキングじゃない？　いつもモデルが必要だって言っていましたよね。セルフリフレクションのよいモデルを見せなかったのですか？」私は、確かにそうだと思いました。彼女の言葉を聞いて、セルフリフレクションのよいモデルを持っていなかったことに気がついたのです。そこで友人のキャシー・ハワード先生から、中学2年生による英語の授業についての素晴らしいセルフリフレクションを借りて、私のクラスの生徒たちと一緒に分析してみました。

私は生徒たちに問いかけました。「このような文章を書けますか？」「このモデルと同じレベルで、自分自身や自分の作品について理解していますか？」生徒たちは答えました。

「できないです。でも彼女は中学2年生だからできるのでしょう」私たちはモデルを読み込んで、使われている語彙、思考プロセス、文章のトーン、ユーモア、正直さについて1時間かけて分析しました。そして、自分でも書いてみることを宿題にしました。その結果、生徒たちが提出したセルフリフレクションは、力強く、深く考えられたものとなったのです。モデルを模倣したものがなかったかと言われれば、もちろんありました。しかし、どれもそれぞれが自分について正直に考えたことが書かれていました。いくつかのセルフリフレクションは本当に素晴らしく、その後は中学2年生のモデルを借りてくる必要はありませんでした。6年生が書いた輝かしいモデルがたくさん手に入ったのです。

私がよくモデルを生徒に見せることを批判する教育関係者もいます。生徒の作品がすべて模倣（imitation）になってしまい、創造性や独創性が失われるというのです。それはもっともな主張です。私の生徒たちは、モデルからインスピレーションを得ていますし、クラスメートとお互いにアイディアを借りあっています。でも私はそれでいいと思っています。むしろ、「模倣する（モデルや模範に倣うこと）」から始めることを生徒たちに勧めています。私は学生時代に、偉大な作家の文体を真似ることで文章の書き方を学び、著名な画家を真似ることで絵の描き方を学びました。模倣は実に優れた学習方法の一つなのです。有名な巨匠の作品をモデルとする代わりに、私の生徒たちが卒業生やクラスメートの作品をモデルとすることに何の問題があるでしょうか？

私は**トリビュート・ワーク**という概念を提唱して、以前から模倣することを推奨しています。トリビュート・ワークとは、卒業生や他の生徒の作品を参考にし、そのアイディアを拝借したり模倣したりしてつくった作品です。真似することはずるではなく、正当な賢い行為なのだと生徒には伝えています。最近、教室を訪れてくれた卒業生を生徒たちに紹介しました。ある6年生の男の子はびっくりして言いました。「ジェニファーさん？　もしかして、あの円筒形の家と納屋の設計図を描いた方ですか？」彼は信じられないといった様子で彼女に近づいて言いました。「僕は、あなたのデザインにインスピレーションをもらって、何カ月もかけて円筒形の家の設計図を描いたんです。まさか本人にお会いできるとは！」彼はポートフォリオを広げて、彼女に自分の作品を見せました。彼が描いた美しい設計図やオリジナルのデザインのそこここに、ジェニファーの作品の影響が見られました。二人は一緒に座って、何年も前に彼女がつくった作品への敬意から生まれた彼のデザインを眺めていました。「あなたにお会いできて光栄です」と彼は言いました。

私は、生徒が「正しい答えは一つだ」と思ってしまわないように、どんなプロジェクトでもさまざまなモデルを用意するようにしています。例えば人物画のプロジェクトを始める時には、まず卒業生が描いた人物画を何枚もスライドショーで見せ、1枚ずつ批評や分析をします。また、トリビュート・ワークもモデルとして見せて、二つを見比べて類似性や独自性について話しあいます。

モデル探しは、日常をワクワクしたものにしてくれます。いつ思いがけず、はっとするような絵、エレガントな詩、鮮やかな数学の解法に出合うかわかりません。そうした作品との出合いは、私にとって大変な価値のある贈り物です。もう20年以上、モデルとして見せている作品もありますが、それらは今でも変わらずインスピレーションを与えてくれます。私は生徒たちに、作品をモデルとして貸してもらえないかと依頼し、交渉し、そして懇願します。そして作品を白黒とカラーの両方でコピーを取ったり、写真やビデオを撮ったり、作品のスライドをもらったりするのです。先週、スーパーで卒業生に遭遇したのですが、食料品でいっぱいのショッピングカートに幼い娘を座らせた彼女は、笑顔で声をかけてきました。「まだ、私の設計図のコピーを持っていますか？」

多くの先生も同じだと思いますが、モデル探しは教室のなかだけにとどまりません。文学、アカデミア、ビジネス、そして生活のなかでもモデルを見つけることができます。生徒の作品には特別な価値がありますが、実社会の中でモデルを見つけることにはまた別の価値があります。プロの作家、エンジニア、建築家、イラストレーター、スポーツ選手の作品やパフォーマンスを見ることで、生徒は実社会で求められる基準を理解し、壮大なビジョンを描くことができます。

おそらく、最も重要なモデルは人です。私の学校も含めた多くの学校では、生徒にインスピレーションを与えるようなさまざまな分野の専門家を招いています。彼らには専門的な知識だけでなく、それと同じくらい重要なこととして学問や技術や職業に対する情熱について生徒たちに伝えてもらいます。同様に、私も教師として、学ぶことにワクワクする姿をモデルとして生徒に示したいと考えています。教師として真剣に戸惑い、苦悩する姿、生徒と一緒に何かを発見し、良い作品をつくり上げて喜ぶ姿を見てもらいたいのです。また私自身が、献身、勤勉、公正、礼儀正しさを体現するモデルとなることを目指しています。訪問者を教室に迎え入れる時、生徒たちは私が親切なホストであろうと努力する姿を見ています。訪問者が帰った後、私は生徒たちと一緒に懸命に美しいお礼状をつくります。こういった姿がモデルとなるのです。

私にとって一番のモデルは生徒たち自身です。私のクラスの生徒はもちろん、他学年の生徒たちでも、芸術的なプレゼンテーションを行ったり、素晴らしい学習成果をおさめたり、勇気や親切さを示す行いをしたりしたら、立ち止まって称賛の気持ちを示します。そのことについて話しあい、記憶に残し、心の中にそのイメージを刻み込みます。2年前、障害のある低学年の生徒が全校生徒を前にダンスを披露しました。私のクラスの生徒たちはそのダンスのことを1年の間、ずっと話していました。生徒たちは、失敗するリスクを冒して何かにチャレンジしようとするたび、ダンスに挑戦した生徒の姿をイメージしました。つまり、その生徒はみんなにとっての勇気のモデルとなったのです。

何度も草案をつくる

私が公立学校の生徒だった時、毎日いつも何かしら提出しなければならない課題を抱えていました。ほとんど草案は一つだけで、次々とつくってはそれをそのまま提出していました。質の良いものをつくりたいと思っても、時間をかけることは難しい状況で、何とか仕上げて次の課題をこなすしかありませんでした。

学校や学級が生徒の作品の質を上げるためにまずできることは、終わりのないランニングマシーンから降りることです。これは、締め切りをなくすということではありません。現実の世界は締め切りで回っていますから。そうではなく、初期段階のリサーチや草案と、磨き上げられて完成した最終稿を明確に区別するのです。つまり、最終稿には何日も何週間もかかると想定するのです。このやり方によって、別のプレッシャーが生まれます。たくさんの量をこなさなければならないというプレッシャーではなく、真に価値のあるものを生み出さなければならないというプレッシャーです。

私は自宅の設計に1年かけました。CADソフトは使わず、手描きで製図しました。夜遅くまで製図台にかがみ込んで、鉛筆や定規、製図用テンプレート、白い消しゴムを使って何カ月も作業をしました。数週間おきに製図の草案を完成させて妻に見せ、彼女の修正案や建築家の友人からの提案を受けて、また製図台に戻り、改良版に取り掛かりました。6、7回目の草案を経て、これが最終版だと思える形になった時、発泡スチロールで模型をつくり始めました。私はワクワクしてきました。

妻はでき上がった模型を一目見て、首を横に振りました。「こんなふうにしたいと思っていたの？　これが、最終的なデザインなの？」彼女は不満そうでした。私は、何カ月もかけて妻に何度も設計図を見せて了承してもらったことを指摘しましたが、彼女は「こんなふうになるとは思わなかった」と言いました。

私は再び、製図台に戻りました。友人や家族から多くの賢明なアドバイスをもらいましたが、私にもどうしても譲れないこだわりがありました。私は長年、大工の仕事でごく普通の住宅を建設してきたので、自分の家は個性的なものにしたかったのです。この家の見どころは地元の石を集めてつくる巨大な石造りの暖炉です。石造りの煙突は幅が広く、真ん中はアーチ形に切り取られています。階段は、踏み板に地元産の丈夫な楓《かえで》の特注板を使用し、煙突の後ろに回り込む形をしています。階段で2階に上がると、アーチ形の隙間から温室を見下ろすことができます。階段の踊り場の窓際には寝転がれるほど大きなベンチがあり、その下には収納スペースや秘密の隠し場所がありました。

煙突、オークの梁、楓《かえで》の床と装飾、そして丘に面した多くの窓を設置して光に満ちた家にするための費用を計算したところ、自分で建てるにしても、私たちのささやかな予算をはるかに超えていました。そこで、重要な部分は残し、妻の意見を取り入れてデザインに変更を加え、家の規模を縮小しました。その結果、寝室が二つとバスルームが一つというこぢんまりした広さになりましたが、とてもかっこいい家になりました。子どもたちも大きくなって独立しており、私たち二人が住むには十分な家でした。

それから何カ月もかけて、何度もデザインや模型の草案をつくり直した末に、ようやく家族と建築検査官の承認を得ることができました。4月に着工し、骨組みづくりから開始しました。私は自分の描いた設計図通りに進めようとしましたが、実際に家を建てている過程で、調整が必要なところがたくさん出てきました。妻が変更を提案し、大工のパートナーが変更を提案し、私自身も家の中の壁やドアの配置を調整したほうがいいと考えました。問題が出てきた時には大工仲間や工場の担当者に相談し、さらに調整を加えました。またカルフォルニア州から兄が遊びに来た時、2階のデッキに立って丘を眺めていると、「2階のトイレの窓は、トイレに座った時に一番いい眺めが見えるような配置になっていないのではないか」と彼に指摘されました。その窓は1階の窓に揃えた位置にあって動かしたくなかったので、まだ配管をしていなかったのをいいことにトイレの位置を移動させることにしました。

自宅は私の作品です。住宅雑誌『Fine Homebuilding』に私の家が掲載された時、自分の名前が設計者・施工者として記されているのを見て誇らしく思いました。でも、実際には私だけでつくったのではありません。もし映画のエンドロールのように関わった全員の名前が掲載されるとしたら、それは長いリストになるでしょう。今となっては、どのアイディアが自分のもので、どれが息子のものか、あるいは電気技師や大工のパートナーのものか、全く覚えていません。

生徒たちには毎年、私の家づくりの話をします。最初の設計図を見せて、問題があった点や変更した点をすべて共有します。少なくとも10回は草案を描き直したこと、それは家をデザインする時には特にめずらしくないことを説明します。生徒たちは、私の最初のアイディアや最終的な設計図を批評します。そして生徒を私の家に招いて、実物を批評してもらいます。生徒がプロジェクトを進める際に、5回の草案と批評を経てもまだゴールが見えず、やる気を失っている時には、私の家のストーリーを思い出してもらいます。少なくとも、先生の家の設計図みたいに1年はかからないよね、と彼らは言います。

私が小学生の頃、二つ目の草案をつくらなければならない場合は、自分が「でき損なった」「失敗した」ことを意味していました。課題を提出した時に、もし先生が受け取ってくれないとしたら、それは深刻なことでした。当時の先生は、どんな作品でもとりあえず受け取っていたからです。最初につくったものがそのまま最終成果物になるのが普通で、やり直しが必要なのは、それほどひどい出来だからだと解釈されていました。先生から提出物を返されてやり直しをする生徒は、表には出さなかったかもしれませんが、みんな恥ずかしいと感じていました。いまだに多くの学校では同じ状況にあります。最初の草案で受け取ってもらえなかった作品は、失敗や出来の悪いものという不名誉な評価と同義にされるのです。

私の学校や私が訪問した多くの学校では、教師が異なる倫理観を根付かせようと奮闘しています。最初の草案で素晴らしい質の作品ができるものでしょうか？　リハーサルをせずに劇を上演するでしょうか？　練習をせずにコンサートを開催するでしょうか？　私たちが読んでいる本は、どのくらい編集されたでしょうか？　私の生徒たちは、何度も草案をつくることを誇りに思っています。「これは13回目の草案なんだよ！」と生徒たちは自慢します。

生徒たちには、あらかじめ「質の高さを実現するということは、何度も考え直し、手直しをして、磨くということだ」と理解してもらう必要があります。草案のやり直しは、嘲笑されることではなく、称賛されることだと感じるべきなのです。生徒たちは、家の設計図を描く時、少なくとも4回は草案を描き直すべきだと理解しています。まず普通紙にスケッチを描き、次に大判の画用紙に細かなところまで含めて描きます。さらに大判の方眼紙に縮尺図を描き、最終的にはプロの建築家が使うようなベラム紙（トレーシングペーパー）に描きます。ほとんどの生徒は、6〜8枚の草案を描きます。最初に描いたものが最終稿になる生徒は一人としていません。実社会でも、教室でもそれはあり得ないのです。

先生たちから「低学年の生徒は何度も草案をつくらせると、やる気がなくなるのではないか」という指摘をされることがあります。しかし、私は幼稚園児や小学校1年生を教えていた時も、同じようにしていました。生徒にはあらかじめ、「家の絵の草案を4種類つくりましょう」と伝えます。そして毎日、絵の描き方について新しいことを教え、その度に生徒たちは新しい草案に取り組みます。金曜日になると、それまでに描いたものの中から自分が好きなものを選んでもらい、なぜそれを選んだのかをみんなとディスカッションするのです。生徒たちはそのプロセスに慣れて、複数の草案をつくる時間がない時、私に文句を言うようになりました。

「そのやり方で、時間は足りるのですか？」と聞かれることもあります。「何度も草案をやり直すのですよね。4個草案をつくる生徒もいれば、10個の草案をつくる生徒もいるとしたら、どのように生徒たちの状況を把握し、全員が作品を完成できるように目を配るのですか？」私にも魔法のような答えはありません。社会がどうやって機能しているかを考えてみてください。つまり、私たちにも社会と同じく締め切りがあるということです。「エキシビションは3週間後です」「保健委員会は火曜日です」「シュッツベリー（マサチューセッツ州の町）の歴史をまとめる本づくりに取り組んでいる生徒は、5月15日に印刷業者と打ち合わせをする必要があります」生徒たちのポートフォリオにはチェックリストがあり、教室の壁にもポスターサイズのものが貼ってあります。締め切りが迫ると、プレッシャーを感じます。私は生徒たちを励まし、生徒たちも互いに背中を押しあいます。これが私たちの日常です。生徒が遅れをとったり、先を急ぎすぎたりしていないか、心配にならないか？　もちろん常に心配しています。毎日です。

生徒たちは各学年の終わりに、自分の作品を教育関係者や地域コミュニティの代表者たちの前で発表します。これは卒業条件の一つです。生徒は自分一人で、自分の学習成果や挑戦したことを、先生や教育委員会、町の役場の人たちに説明しなければなりません。過去12年の間、生徒全員がこの発表をやり抜き、成功させました。身体・行動障害がある生徒も、感情・認知障害がある生徒も、自信のある生徒も、極度に緊張している生徒も、みんなです。全員が成功したのは単に運が良かったからではありません。何度も練習をしてきたからです。

毎年、新年度が始まった最初の週に、卒業生たちの発表の動画をクラスに見せて、年度末にはあなたたちも審査員の前で発表をするのだと念を押して伝えます。この動画が生徒たちのモデルです。彼らは1年かけてしっかりとしたポートフォリオをつくり、発表の練習をします。年間を通して、クラスメートや保護者、全校生徒、そして学校を訪問する人々を前にプロジェクトの発表をし、批評やフィードバックをもらいます。そして、年度末の発表の2週間前になると、モデルのイメージを頭にいれるために再び卒業生たちの動画を見て、プレゼンテーションの評価基準が書かれたルーブリックに目を通します。ポートフォリオを見直したら、いよいよ発表するプロジェクトを選択する時です。プレゼンテーション用のディスプレイボードを作成し、ペアを組んで発表のリハーサルをし、批評しあいます。生徒たちは、クラスメートや家族、先生の前で発表の練習をするだけでなく、リハーサルをビデオカメラで撮影して、動画でも自分の発表する姿を確認します。作品を携えた生徒がアシスタント役のクラスメートと一緒に審査員が待つ会議室に入る頃には、10回、ともすると20回もリハーサルを経験していることになるのです。

先生は日々、授業中に口頭でコメントしたり生徒の提出物にコメントを書いたりして、生徒の作品を批評しています。また多くの先生は、生徒たちにペアを組ませて互いの作品を批評するように指示します。私はどの教科の先生たちにも、批評のレベルを新しい次元に引き上げ、普段から批評を行う習慣をつけるべきだと伝えています。クラス全体で批評する時間は私の授業スタイルの要であり、これによって普段からカジュアルな批評をしあう文化が生まれ、作品を改善する原動力となるのです。

多くの学校では、批評が大勢の前ではなく先生やクラスメートと1対1で行われ、その効果は限定的です。その場合の批評の目的は、その批評を受けた生徒が学び、作品を向上させることです。一方、私の教室ではクラス全体で批評しあい、クラスメートに知識とスキルを共有するというより大きな目的を持っています。生徒は批評の時間を通して、優れた文章、数学、科学、あるいは歴史的探究とはどのようなものかを学ぶことができます。先生がガイド役となって、クラス全体で個々の作品、または複数の作品を批評します。生徒がつくった作品を、一緒に細かいところまで検証するのです。素晴らしいエッセイや科学の実験がどのような要素から成り立つのかを教えるのに、生徒がつくったモデルを批評することよりも効果的な方法はないでしょう。

批評の時間をより幅広く活用し、意義深いものにすることは、私の学校コンサルティングのなかでも特に重要な試みであると考えています。学校に赴いた際には、先生たちに生徒の作品を批評する授業をどのように進めればよいか説明したり、実際に作品をクラス全体で批評するのをやって見せたりします。どちらの場合も、生徒の作品をクラス全体で注意深く検証することによる学習効果やその可能性について理解を深め、ワクワクしてもらえるように工夫しています。

私のクラスでは毎週、批評の時間を設けています。プロジェクトによっては毎日、あるいは1日に何度か行うこともあります。「教えなければならない内容がたくさんあるのに、どうやって批評の時間を確保するのですか?」と聞かれることがありますが、批評の時間は授業の一環なのです。「どうすれば良い文章を書けるか」「どうやってよい文献を集めるか」「データ解析の準備には何をしたらいいか」といった課題に対して、抽象的な答えを示すのではなく、生徒たちに実例を示した上で、一緒にそれを批評するのです。そして、エクセレンスの要素を話しあい、その基準やビジョンを洗練させていきます。

私は長年にわたって批評の手法をいろいろと学んできました。幸運にも、「コラボレーティブ・アセスメント・プロトコル」を提唱したスティーブ・サイデル氏や、「チューニング・プロトコル」を提唱したジョー・マクドナルド氏と一緒に仕事をする機会に恵まれ、彼らの批評の手法からインスピレーションをもらいました。私が教室で使う批評の手法は、彼らの手法ほど優雅で複雑なものではなく、より短い時間で簡単にできるように設計されています。授業の30分を批評に充てるとあらかじめ計画している場合でも、授業のなかで必要性を感じた時に5分程度のセッションをその場で設ける場合でも、柔軟に使うことができるツールです。

批評セッションのルールは3つだけです。

①親切であること（be kind）

批評の場が心理的に安全であることは不可欠です。先生と生徒たちは、人を皮肉ったり、傷つけたりするような発言がされないように、お互い注意しあいます。

②具体的であること（be specific）

例えば「よくできている」「好き」といったコメントは避けます。時間を有効に使っているとは言えません。

③役に立つこと（be helpful）

批評の目的は、作品をつくった生徒やクラスの役に立つことであり、批評する人の「聞いてもらいたい」という欲求を満たすことではありません。既に出た意見を繰り返したり、重要ではない細部の粗を見つけて指摘したりすることは避けます。

また、ルールの他にガイドラインがあります。議論が良い感じに白熱している最中に、ガイドラインの一部を放棄することはありますが、ルールは必ず守られなければなりません。

以下がガイドラインです。

- まず作品をつくった生徒にコンセプトや目的を説明してもらった上で、どの点について助けを求めているかを明確にしてもらう
- 生徒ではなく、作品を批評する
- 最初にポジティブな批評をし、その次に建設的な提案をする
- I（私）から始まる「アイ・ステートメント」を使う。例えば「この作品は意味をなしていない」と言う代わりに「私はこの作品について混乱しています」と言う
- 可能な限り、質問の形式を使う。例えば「ここからつくり始めた理由は何ですか？」「〇〇については考えてみましたか？」など

私は、二つの形式でクラス全体の批評を行っています。

一つは、**ギャラリー批評**です。すべての生徒の作品を掲示するか、作品のコピーを生徒たちに配布して、フィードバックの前にまず各自で目を通してもらいます。この時、良いと感じた部分に注目してもらいます。生徒たちは作品の中から印象に残ったものを選び、その理由について話しあいます。この形式の利点は、生徒たちの間に「ひとまず草案を完成させよう」というポジティブなプレッシャーが生まれること、優れた作品にするためのアイディアやイメージが生まれるきっかけになること、クラス全体が求められている作品

の質の基準を確認できることが挙げられます。

もう一つは、**深い批評セッション**です。一人の生徒、あるいは一つのグループの作品を取り上げて、時間をかけて深く掘り下げていきます。この形式の利点は、作品に関連する用語や概念をクラス全体で学べること、その分野で評価されている作品を取り上げて分析できること、作品を改善していく過程をクラス全体にモデルとして見せられることです。

コンサルティングでは先生たちに、授業で生徒の文章を批評しあう際の、具体的で論理的なアドバイスをします。一般的には、生徒たちがペアを組んで批評しあう手法がよく使われます。ただその場合は、あらかじめクラス全体で批評セッションを行い、文章のある側面に焦点を当てて、生徒たちに興味を持ってもらってからでないと、効果的な批評にならないことが多いのです。また、具体的な内容の質に対する批評と、文章の構造に対する批評を区別することが必要です。この点が明確でないと、批評は単に同じことを言い換えたものになってしまいます。クラス全体で批評をする時は、生徒に作品のコピーを配布したりプロジェクターで映したりするなどして、全員がその文章を見ることができるようにします。批評する時には、作品の全体的な印象ではなく、具体的な単語や文章の構造を細かく検証するように促します。ギャラリー批評では、生徒の作品の最初の段落、もしくは最初の文だけに注目することもあります。クラス全体で批評をする主な目的は、生徒たちが優れた戦略やアイディアを探索し、それを学んで自分のものにすることです。

また、批評する際に使える語彙を増やすことも重要です。批評を、作品という患者を治療するための手術に例えると、批評の語彙は手術の器具になります。批評の際に「良い」「悪い」という言葉しか使わないのは、肉切り包丁だけで手術をするようなものです。作品を丁寧に解体し、後でまた上手に組み立てるためには、より細やかな作業ができる道具一式が必要です。私はさまざまな分野の語彙を授業で教えるとともに、外部の専門家を招いて批評セッションをする際には、新しく学んだ語彙のリストをつくります。

専門分野の語彙を学ぶことには、単にその意味を理解する以上の効果があります。その単語を知ることで初めて理解できる新しい概念があるのです。例えば、ギャラリー批評で自分の気に入った作品があっても、どういったところが好きなのかを生徒が言葉で明確に説明できない、ということが起こります。ただそれが好きだと感じるのです。しかし、作品に関連する分野の語彙を学んだ生徒は、作品のどの側面を印象的だと感じるのかを正確に説明できるようになります。

何年も前になりますが、語彙を通して新しい概念を理解することの効果を実感する出来事がありました。当時私は、生徒たちが結成した男女混合のサッカーチームのコーチをしており、アメリカでトップクラスのチームであるマサチューセッツ大学の女子サッカーチームを招いて指導を手伝ってもらいました。せっかくの機会を単なるサイン会で終わらせるのではなく、マサチューセッツ大学の選手たちに一緒にサッカーの試合をしてもらい、生徒たちのプレーを批評してもらったのです。批評が始まると、マサチューセッツ大学の選手の口からは、私たちの知らないフィールド上の戦略や配置を表す単語が次々と出てきました。生徒たちは新しい単語を学んだことで、フィールド上の自分たちの動きをこれまでとはまったく違う目で見るようになり、その翌日から生徒たちのプレーは飛躍的に向上しました。覚えたての新しい言葉を叫びながら、まったく新しいフォーメーションでフィールドを駆け回っていました。

私の学校ではたびたび、専門家を招いた批評の機会を設けています。私の生徒が建築を学ぶ際には、長年にわたって地元の建築家の方々にサポートをお願いしてきました。彼らを専門家として教室に招き、生徒たちの作品を批評してもらうことは、とてもワクワクする体験で、ゲストスピーカーとして彼らから話を聞くのとは全く違った刺激があります。ある年には、毎週金曜日に異なる建築家を招き、ギャラリー批評を開催しました。生徒たちは、その週の金曜日に自分の設計図がゲストに選ばれることを願いながら、作品づくりに熱中していました。専門家にコメントをしてもらいたいというモチベーションはとても強力でした。金曜日には、生徒全員の作品がディスプレイボードに掲示され、プロの建築家が教室内を行ったり来たりしながら、一つひとつをじっくりと見ていきます。そして、時々立ち止まっては「この作品は誰のものですか?」「この面白いアイディアは誰が考えたのですか?」と尋ね、作品をつくった生徒は誇らしげに手を挙げて、自分の作品について語りはじめるのです。

毎回の批評のたびに、私たちは新たに学んだ専門用語を書き出し、専門家のコメントから学んだアイディアやコンセプトについて話しあいました。

数年前、ハーバード・プロジェクト・ゼロの研究者たちが、若い学生には成熟した批評をする能力があるかどうか疑わしいと言い始めました。彼らは優れた批評をする中学生の事例を見つけられずにいたのです。私が教えている5・6年生は成熟した批評をすると話すと、彼らは半信半疑の様子で、撮影を兼ねて見学に行ってもいいですかと聞きました。生徒たちに、ハーバード大学の研究者たちが、みんなのような若い学生に本質的な批評はできないと思っているようだ、と伝えたところ、彼らの競争心に火がついて、「準備して待ってるよ！」と意気込んでいました。

　生徒たちは何度も、建築家に自分の作品を批評してもらった経験がありました。だから彼らは、建築の批評ではどんなことが議題になるかを理解していたし、建築家がよく使う言葉や身振りや癖を知っていたのです。ハーバード大学の研究者が到着し、ビデオカメラが設置されると、ある生徒が立ち上がって、あごをなでながら教室の中を歩き回り、掲示されている作品を指差して言いました。「ジェニー、私はあなたの設計図のコンセプトが大好きです。しかし、実用性には課題があると思います。この玄関からの動線をもう一度考えてみてください」そして、彼はひと呼吸置いてからカメラに向かって微笑みました。大袈裟な演技だったので、この動画がどのくらい役に立ったのかは不明ですが、生徒全員の批評そのものは純粋に素晴らしいものでした。

　教室で先生は私一人なので、生徒が書いた文章にすべて目を通して一行一行を編集したり、すべてのアイディアに対して批評をしたりする時間はありません。生徒たち自身が編集者、建築家、科学者、ライター、数学者となって、いつでもお互いの作品を批評しあうことを惜しまないような教室を築かなければなりません。私は定期的に授業のなかで批評する時間を設けるようにしていますが、それは生徒たちが授業以外の時間でも批評しあう能力を磨くためでもあります。私の生徒たちは一日中、何度もお互いの作品について意見を言いあったり、アドバイスを求めたり、アイディアを提案したりして、日常的に批評をしています。私が自分のデスクに座って、向こうのテーブルで作業している生徒たちを見ていると、彼らはしょっちゅう、近くに座っている友達に「この作品、どう思う?」「これを聞いてみてくれない?」「このアイディアについて何かコメントある?」などと、助けを求めあっています。私の小学校の生徒は、批評してもらうことを当たり前のように感じているので、卒業して中学や高校に進学してからも、放課後に自分が今取り組んでいる作品を持って「先生、ちょっと批評してもらえますか」と立ち寄ってくれることがよくあります。

作品を発表する

大工の仕事を始めて間もない頃、倉庫の搬入口に大きな外階段をつくる仕事が入りました。そこで働く人に見られながら作業をしなければならず、私は緊張しました。倉庫でフォークリフトを乗り回す大柄な男たちは、私の仕事ぶりを懐疑的な様子で見て首を振っていました。私は小柄でまだとても若かったので、彼らは私を一人前とは見てくれなかったのです。男たちは倉庫に新しい荷物が到着するのを待つ間、私をからかったりしました。完成した階段は良い仕上がりでしたが、彼らはすぐに壊れることを恐れて、最初はこわごわと歩いていました。次第にこれなら大丈夫だと思ってもらえたようで、最後には全員が一斉に階段に飛び乗り、笑顔になっていました。その日から、私は「あの階段をつくった痩せっぽちの大工」と呼ばれ、仲良くしてもらえるようになりました。大工のつくる建造物は、多くの人の目にさらされ、使われることになります。それが自分の仕事の重要性と結びつき、私が仕事の質にこだわる強い動機となっていたのです。

私が学生だった時には、自分の作品が大勢に見られる機会はなく、作品が誰かにとって何らかの意味を持つものだという実感もありませんでした。私の唯一の聴衆は先生でした。作品を提出すると、先生が採点し、時にはコメントをつけて返してくれました。作品を提出するにあたって重要だったのはただ一つ、先生を喜ばせること、せめて満足させることでした。先生以外には、私の作品について知る人も、興味を持つ人もいなかったのです。私の友達は、私の作品の質や、そもそも完成させたかどうかも全く気にしませんでした。家族が気にするのは、私の取った成績が良いかどうかだけです。私の作品は、本当に私だけの個人的なものでしかなかったのです。

まれに、私のつくった作品が多くの人の目に触れる機会があり、その時には作品づくりが普段と全く違った重要性を持ち、良いものをつくりたいというプレッシャーを感じました。何十年も経った今でも、私はその時のことをよく覚えています。小学2年生で、教室の壁に海を泳ぐ魚を描く担当に選ばれた時。4年生のクリスマスコンサートで友達と短いソロを歌った時。リトルリーグの野球の試合で打席に立った時。高校生になって学校新聞の記事を書いたり、サッカーの試合に出たり、学校の演劇に出演したりした時。このような場面では、自分の作品やパフォーマンスの質が気になりました。なぜなら、世界の人々、少なくとも私が知る世界の人たちが私を見ていて、作品やパフォーマンスの出来に関心を持ってくれていたからです。彼らをがっかりさせたくありませんでした。

私の生徒たちが仕上げた最終成果物はすべて、外部の人々の目に触れることになります。聴衆は幼稚園児たちかもしれないし、全国放送の教育テレビの視聴者かもしれません。いずれにせよ、教師である私の役割は、生徒の作品に対して絶対的な評価をすることではなく、むしろスポーツチームや演劇の監督と似ています。私の仕事は、生徒たちが自分の作品を自信を持って発表できるように支援することです。先生が望んでいるからというだけではない、**何らかの強い動機があるからこそ、生徒たちは質の高い作品にしようと努力する**のです。

地域の高齢者の伝記を書くプロジェクトをした時、生徒たちに質の良い作品をつくろうと伝える必要はありませんでした。伝記は本人に贈られ、その人自身とその家族にとって大切な家宝になる可能性のあるものでした。生徒それぞれが、ある一人の人生の物語を手にしていたのです。彼らはとても気を張っていました。生徒と高齢者は、笑い、戸惑い、時には不機嫌になったり泣いたりしながら、何週間ものインタビューを通して信頼関係を深めていきました。クッキーを一緒に食べて語りあい、写真を見せてもらい、時にはハグを交わしました。いよいよインタビューを本にする段階になった時も、私は生徒たちにスペルの正確さや、文字が綺麗で読みやすいことが重要だと改めて伝える必要はありませんでした。彼ら自身が、完璧な作品をつくらなければと思っていたからです。生徒たちは本の細部までこだわり、クラスのみんなからの批評や助けを求めました。クラスの前で冒頭の文章を音読して、みんなから意見をもらい、苦労しながら表紙のデザインの草案を何度もつくっていました。ついに本が完成すると、記録用にコピーをして、原本は感動的なセレモニーとともに高齢者にプレゼントしました。

私の学校ではさまざまなプロジェクトが行われています。3・4年生は、両生類の生息図を作成したり、州や国に協力してオオカバマダラ〔チョウの一種〕の標識調査を行ったり、町の史跡を撮影して本にまとめたりしました。5・6年生は町のラドンガス濃度や水質の調査、幼稚園児は高齢者に贈る本やカードをつくるプロジェクトに取り組みました。生徒たちはみんな、そうしたプロジェクトで自分が取り組んだことが、世の中に影響を与えていると実感しているのです。

すべてのプロジェクトや課題が人生において重要な意味を持つわけではありません。しかし、完成した作品が、クラス全体や他のクラスの生徒たち、保護者、地域コミュニティの前で発表され、展示され、評価され、称賛されることを生徒があらかじめ知っていることは、作品に新しい意味を与えます。多くの学校で、私の学校のように作品を共有する仕組みを学校文化の基礎にする動きが広まりつつあります。エッセンシャル・スクール連盟は、創設者のテッド・サイザーや教育者のデボラ・マイヤーの考えに基づき、同様の仕組みをアメリカの学校に広めようとしています。また、イタリアのレッジョ・エミリア幼児教育からヒントを得て、私の学校では、最終成果物だけでなく、学習の過程も記録しています。最終成果物に加えて、作品の草案や、ディスカッションの記録、作品の制作に関わるアイディアや戦略なども掲示することがあります。

数年前の12月のある夜、ボストンのドーチェスターにある中学校で、アウトワード・バウンド教育〔体験型の探究学習を中心とする教育方法〕を行っているハーバースクールを訪れました。その夜には年度半ばの発表会があったのです。私はこの新しい公立学校が創立されて間もなく、まだ試験的な運営だった頃に校長先生や先生たちと一緒に仕事をしたことがあったので、生徒たちの作品の展示をとても楽しみにしていました。校舎の入り口で、アフリカ系アメリカ人の中学1年生が礼儀正しく出迎えてくれ、控えめな笑顔で2階に案内してくれました。生徒たちの両親、きょうだい、親戚たち、町の牧師、市役所の職員、先生、学校管理職、地域のさまざまな人々と一緒に、私は1時間半ほど発表会を見学しました。地域の人々は日曜日に教会に行く時のようなきちんとした装いをして、誇らしげに笑っていました。彼らはフライドチキンやポテトサラダ、パイ、ケーキなどが載ったお皿を運んでいました。私の友人であるスコット・ハートル校長は、講堂を埋め尽くす黒い展示パネルを前日の夜から必死になって設置し、ペンキを塗ったそうです。その展示パネルは今、生徒たちの作品でいっぱいでした。発表会では、どの生徒も何らかの作品を展示しており、その挑戦と輝かしい成果のストーリーを雄弁に説明していました。「このプロジェクトは大変だった」「本当に苦労した」「やり遂げることができたのが信じられない」といった生徒たちの声をたくさん聞きました。

ハーバースクールのように新しい学校を創立して、今まで一度も作品の質を気にしたことのない生徒たちに、これからは自分の作品の質にこだわるべきだと伝えたい時、どうすればよいでしょうか？　そうしなければ成績が下がると脅せばよいのでしょうか？　でも生徒たちは、これまでも良くない成績をたくさん経験しています。生徒たちには作品の質にこだわる理由を与えなければなりません。そこでハーバースクールでは、地域コミュニティの人々を招いた発表会を開催したのです。発表しなければならないというプレッシャーに突き動かされて、生徒たちは地域の人々に見せるのにふさわしいものになるまで作品を磨くことに力を注いだのです。

昨年、私の生徒と話がしたいというハーバード大学からの訪問者がありました。彼らは今年この学校に転入した生徒にインタビューをしたいと要望し、キャシーがそれに応じて、教室の片隅でかなりの時間、話し込んでいました。

その後、昼食をとりながら彼らに「今回の取材で印象に残ったことは何ですか？」と聞いてみました。彼らは、この学校の文化が一般的な学校とはさまざまな面で異なってい て、それが転入生にどのような印象を与えるのか興味を持っていたと話しました。彼らがキャシーに、前の学校とこの学校の最大の違いを聞いたところ、彼女は「この学校では自分の作品が公開されること」と答えたそうです。「全員が私の作品を見るし、私の作品の質を気にします。前の学校では私の作品について知っていたのは先生だけでした。この学校では、作品がとても重要なものとされるので、もっと努力しなければならないと感じます」

粘り強い生徒を育てるアセスメント

アセスメント（評価）という言葉を聞くと、テストを思い浮かべる人がほとんどでしょう。アメリカでは毎年何十億ドルというお金がテストに費やされています（世界で最も多くテストを受けているのはアメリカの子どもたちです）。学校や生徒が「テストで得点する技術」によって評価される傾向がますます顕著になっているのです。不思議なことに、テストで得点する技術は実生活とはほとんど関係がありません。卒業後の人生においては、どのような人でどのような仕事をするのかによって評価されることになります。テストの成績が評価対象となることはめったにありません。自分の子どもの成長を評価する時も、同僚の貢献度を評価する時も、テストの点数ではなく、人柄や業績が基準になります。

もしテストが学校の質を測る第一の尺度であるならば、大半の学校は、事実の暗記やテストの準備に多くの時間を費やさざるを得ないでしょう。そのことに何の問題があるのか、と主張する政治家や新聞記事を最近よく見ます。生徒たちに頻繁にテストを受けさせるのは良いことだと多くの人が考えているようです。その考え方にも一理あるかもしれませんが、違うやり方はないのでしょうか。

もし学校や生徒の評価が、テストの成績ではなく、生徒の作品や思考力や人格に基づくとしたらどうでしょうか。次のようなことが期待されている学校を想像してみてください。保護者が学校を訪ねた時に、7〜8歳以上の生徒なら誰でも丁寧に挨拶して、手入れの行き届いた学校の校舎を案内してくれます。そして、オリジナルで質の高い作品や十分にスキルがあることを示す資料が詰まったポートフォリオを見せながら、自分の学習成果を深い洞察力で説明してくれます。もし学校がテストの点数ではなく、生徒の振る舞いや、教室と廊下に掲示されている作品の質によって評価されるとしたら、テストの準備に費やされる膨大な時間やエネルギーは、生徒の作品や学習理解を向上させることに向けられるでしょう。学校は、生徒のテストで得点するスキルを向上させることではなく、思慮深い生徒、良い市民を育成することに焦点を当てるようになるでしょう。

私がこのような考えを人前で話すと、大抵は非現実的な話だと否定されます。「確かに、生徒や学校をもっと丁寧に見て評価するのは素晴らしいことですが、実現不可能です。時間がないのです。唯一の現実的な評価システムがテストなのです」

ここで、考えてみてほしいことがあります。私の学校では多くの生徒が、義務付けられたテストを受けるために最長で3週間も費やしています。テストの準備ではなく、実際にテストを受けるのにかかる時間です。過去数年間、州は何億ドルもの資金をテストの開発と採点に費やしてきました。どれだけの時間がかかったのか見当もつきません。これだけの時間とお金があれば、どれほど多くの学校で、どれだけ多くの生徒の作品をじっくり観ることができたでしょうか。

他の国やアメリカのいくつかの学校ネットワーク〔教育理念や指導方法を共有しあう学校同士のネットワーク〕で使われている**クオリティレビューのプロセス**を採用すれば、地域コミュニティの人々は、テストの点数以外の情報もふまえて学校を評価することができるようになります。学校に関する包括的なレポートを見ることができるようになり、そこには校舎の設備、教職員、カリキュラム、学校文化、物理的・心理的な安全性、生徒のスキル、学習成果の質、教育区における学校評価が記載されます。また、生徒が自分の作品のポートフォリオを作成して発表すれば、保護者は自分の子どものスキルや成果、学習スタイルを知ることができます。

アセスメントに関するほとんどの議論は、誤ったところから始まっています。学校で行われる最も重要な評価は、生徒に対して行われるものではなく、生徒の内面で行われるものです。生徒はみんな、どんな作品であれば許容範囲なのか、何が及第点なのかをイメージしながら学校生活を送っています。作品に取り組むたび、自分自身で評価を下しているのです。これでいいだろうか？　提出するに値する完成度だろうか？　自分の基準をクリアしているだろうか？　すべての学校は、評価のあり方をこの生徒の内面で行われるものまで変えていくことを最重要の目標とするべきです。どうすれば生徒の頭の中にまで入り込み、より良いものをつくりたいという気持ちを高めることができるでしょうか？　生徒が自分の行動や作品に対してより高い基準を持つようにするには、どうしたらいいのでしょうか？

　重要なのは、現在学校で使われている評価方法が、生徒の内面的な評価基準（internalized standards）にどのような影響を与えているかを検証することです。より高い評価基準を持つことを生徒に期待する時、作品に成績をつけてプレッシャーを与えるという戦略がよく使われます。これは、きちんと取り組めば成績が上がることを約束し、サボれば成績が下がるという恐怖を与えることで、生徒たちは一生懸命取り組むという理想に基づいています。しかし、実際にはそううまくはいきません。ほとんどすべての学校で作品に成績がつけられていますが、質の悪い作品が大きく減ることはありません。作品に成績をつけることは、生徒の努力や作品の質を保証しないばかりか、往々にして生徒のやる気を削いでしまうのです。

　私は成績表を廃止するべきだと考えているわけではありません。もっとも、私の学校ではこの25年間は成績をつけておらず、それが功を奏していると信じています。成績をつけるという伝統の重みやプレッシャーについても理解しています。私が提案しているのは、成績について一度考え直してみることです。学校ではどれくらい成績が評価に使われているか。子どもたちがどのくらいの頻度で順位付けされているか。授業中の態度はどのくらい成績に反映されているか。そして、成績をつけることに依存し、それで生徒の成績向上につながる真正で効果的な評価は十分にされているという幻想を生み出していないか。

私が公立小学校の3年生になる頃には、クラスで誰が良い成績をとる「良い生徒」で、誰が悪い成績をとる「悪い生徒」なのかが明らかでした。この成績による序列は、どの生徒が努力をしているのか、どの生徒が努力することを諦めて友達とふざけ合っているのか、あるいはただ黙って座っているだけなのかを示していました。生徒たちは、成績が悪い生徒が馬鹿なのだと思っていたし、成績が悪い生徒自身もそれを認め、学校が大嫌いであることを公言していました。成績でCやDをとることが多い子どもは、自分をCやDがふさわしい生徒だと思い込んでいました。頑張ることになんの意味があるのか？　そう考えて小学3年生で既に努力することを諦めてしまったら、高校生になった時に彼らはどうなってしまうでしょうか？

私が教える学校には、CやDをとる生徒はいません。2年前に私のクラスで取り組んだ水質調査のプロジェクトで、最も優秀で刺激的な科学的調査をしたのは学習障害のある生徒でした。その生徒は、私が若い頃に通った伝統的な学校であればDをとっていたかもしれません。学習障害のある生徒たちの多くは、自分の抱える困難を現実的に捉え、自分の弱みを痛感しています。しかし、彼らは自分の弱みを補う戦略を見つけ、周囲のサポートを得ることによって、質の高い作品を生み出すことができたのです。学習面では不利でしたが、優れた思考力と懸命に取り組む姿勢という強みがありました。教室にゲストを招いた時、彼らは他の生徒たちと同じように熱心にポートフォリオを発表していました。彼らは学習過程で他の生徒より苦労していたかもしれませんが、やる気に溢れており、しっかりとした学習態度がありました。

もし、私の学校で成績をつけるとすれば、それは次のようなものです。すべての作品には、Aまたは未完成のどちらかの評価が付きます。制作プロセスではいくつもの草案がつくられるべきで、その生徒なりに質の高い作品にならなければ、完成したとは言えないのです。CやDの評価となるような作品は、最終成果物として受け付けられません。テストも同じです。テストの点数が良くない場合には、さらに勉強して、及第点が取れるまで再試験をします。

確かに、定量的な評価方法がなければ生徒をランク付けするのが難しいですし、教育課程では生徒のランク付けが必要なこともあるでしょう。しかし、毎年、毎週、いや毎日のように、生徒をランク付けする必要があると考えられているのはなぜでしょうか。全国標準テストでは、生徒の半分は当然下位50％に入ります。親は誰も自分の子どもが下位50％に入ることを望んでいません。学校の管理職を含む先生たちも同じです。しかし、どのような教育改革を行おうともランク付けを止めなければ、アメリカの子どもたちの半分は常にこの落胆するようなアイデンティティを持ち続けることになるのです。下位50％の生徒であることに、子どもの魂の炎は何カ月あるいは何年なら耐えられるでしょうか？　ほとんどの教育者や政策立案者は、下位50％の子どもたちの意欲や自己イメージの問題を理解していません。なぜなら、彼らのほとんどは上位50％の生徒だったからです。そして、だからこそ教育界や政府で働くことを選んだのでしょう。

私がコンサルティングを行うほとんどの学校では、成績をつけることが義務付けられています。そこで、私は先生に次のような提案をしています。生徒たちに、成績は先生が恣意的につけるものではなく、生徒たち自身が勝ち取るものだと説明すること。課題ごと、あるいは四半期や学期ごとに、何をもってAやBをつけるのかを示すルーブリック（評価基準）をつくること。もっと良い成績をつけてくれることをただ望んだり、悪い成績に文句を言ったりする代わりに、やり直しをしてAをとる努力をするという選択肢を与えること。生徒がルーブリックの作成に協力できれば理想的です。「出来の悪い生徒」という烙印をただ押すよりも、生徒が何度でもやり直しでき、良い点数が取れるまでテストを受けられる環境をつくるべきです。

私の学校では、成績に代わる簡単な評価ツールはありません。さまざまところから借りてきた評価方法を使っています。時間も手間もかかりますし、先生たちは文句を言うこともありますが、それでも真剣に取り組んでいます。先生は生徒と継続的にミーティングをして、それぞれの読み・書き・理解のレベルや質をノートに記録しています。その場で問題について記述や解答してもらうパフォーマンス評価を行うこともあります。点数で評価するテストも行いますが、満点に近い点数が取れるまで何度も再テストを受けることになっています。生徒には、作品を完成させるごとにルーブリックやチェックリストに自己評価を記入してもらい、それも記録として残しています。また、年間を通して、プロジェクトや普段の授業の作品を収めたポートフォリオの公式・非公式な発表会や講評会を行い、保護者・生徒・先生との三者面談も行っています。生徒はそれぞれのプロジェクトについて、あるいは一般的なスキルのレベルについて定期的に自己評価を書きます。また、学校からは生徒の長所、短所、学習スタイル、成果、そして今後の目標を詳細に書いた進捗レポートを家庭に送っています。生徒たちは自分自身の学習に主体性を持って、自分のポートフォリオを作成することを期待されています。

私は生徒のポートフォリオの大ファンです。以前から生徒の作品を資料として保護者と共有するために保存していましたが、15年前に生徒自身がポートフォリオを学習の中心に据えるやり方を同僚から教えてもらい、取り入れています。生徒たちは、ポートフォリオに自分の作品を追加し、分析し、考察するプロセスを通して学習するのです。

私は、すべての人に適したポートフォリオのモデルが存在するとは思っていません。私はアメリカ各地でさまざまな素晴らしいポートフォリオのモデルに出合いました。テネシー州の幼稚園では、子どもたちが色を塗ったピザの箱の中に作品を入れていました。子どもたちは毎週、絵や図面、文章、積み木の写真など、あらゆるプロジェクトの成果物を各自の箱に入れていきます。金曜の朝になると、子どもたちは大騒ぎをしながら箱の中身をすべて取り出し、家に持ち帰る作品、シェアリング・ミーティングで共有する作品、そして自分にとってその週の最も重要な成果だと感じた作品を選びます。

ある金曜日、私は大混乱の教室を歩き回って、生徒たちがお互いの作品を見せてアドバイスしあいながら、どの作品を選ぶべきかディスカッションしているのを興味深く聞いていました。彼らのシェアリング・ミーティングは目を見張るものがありました。こんなに幼くても、お互いの重要な成長を認識し、それを明確に言葉にできるのです。ある男の子は初めて自分の名前を正確に書いた作品を選び、クラスメートから歓声が上がりました。ある女の子はスニーカーの絵を見せながら、今週の重要な成果はこの絵自体ではなく、やっと靴の紐を結べるようになったことです、と説明しました。また、別のある女の子は、教室の着せ替えコーナーで友達と一緒に写っている写真を見せて、その週の一番の成果は、新しい友達ができたことだと話しました。新しい友達をつくるのは、彼女にとって難しい挑戦だったのです。

モンタナ州のある高校では、生徒全員があらゆる分野での成果をまとめたポートフォリオを作成していました。そこには、自叙伝、履歴書、受講した全授業の記録や成績、各教科の作品のサンプル、重要なプロジェクトや研究論文、芸術やスポーツや奉仕活動の功績の記録が揃っていました。そしてすべての生徒が毎年、審査員の前で自分のポートフォリオを誇らしげに発表していました。

マサチューセッツ州で教えている器楽科の先生が、音楽の授業を受講している生徒たちに出している、シンプルで素晴らしいポートフォリオ型の課題について教えてくれたことがありました。数カ月に1度、生徒はテープレコーダーの前に座り、短いオリジナルの曲を演奏します。そして、その曲をつくった理由や、なぜそのように演奏したかを説明するのです。先生の手間はほとんどなく、テープレコーダーの電源を入れ、録音済みのテープを保存するだけでした。

先生はあるポートフォリオの録音を聞かせてくれました。小さな子どもの声による曲紹介から始まり、音数の少ない擦れたサックス音が鳴る曲が流れました。その子どもは、「知っている音が限られていたので、このような曲を書きました」と説明していました。それは確か、「三匹の盲目ネズミ」という童謡をアレンジしたものでした。その後につくられた録音は、段々と洗練されたものになっていきました。より複雑なオリジナル曲を書くようになり、自分の成長や作曲の過程について的確な言葉で説明していました。曲のテーマやタイトルをどのように決めるか、曲の雰囲気をどのように表現するか、始まりと終わりをどうするか。そして最後には、すっかり成長した生徒の声で、ジョン・コルトレーンに影響されたという難易度の高いジャズの曲を披露しました。私は唖然としました。

私は、大学入試や就職の面接の際に、生徒が自分の作品や業績が詰まったポートフォリオを持っていくのが当たり前になる時代が来ることを期待しています。進学や卒業のためにあとどれくらい出席数を稼がなければならないかではなく、それまでに成し遂げたことや次のプロジェクトについて考えながら学校に通う時代が来ることを。セントラルパーク・イースト高校のモデルを採用した、いくつかの小規模な高校には、既にこうした学校文化が根付いています。生徒たちは、自分がつくる作品は大切であること、それが一般に公開されること、そして自分の学びを記録する責任は自分自身にあることを理解しています。これらの学校は大学進学率が低い地域にあるにもかかわらず、大学合格者を増やして注目されているのです。

ある生徒たちのストーリー――水の学習

私は森の中の小川で膝まで水につかっています。9月の朝の木漏れ日が、水面のそこここを照らしています。秋が始まったばかりとは思えないほど水は冷たく、朝露で濡れた草むらは、日の光が当たるところだけ乾いています。川岸では、5年生のレイチェルと6年生のコナンが、寒さなどお構いなしに、科学者のように集中しています。作業服に実験用ゴーグル、ゴム手袋という出で立ちで、川の水に含まれる酸素の量を測るために、小瓶に酸を滴下する作業をしているのです。彼らは緊張した様子で、溶液の状態を確認しながら慎重に滴下して、水滴の数を数えています。数値が上がらなければ、生息する魚やザリガニにとって十分な酸素が含まれていないことを意味します。これまで、この小川の水について調べた人はいないので、どんな発見があるのかはわかりません。レイチェルは、「この小川には魚がいるから、水は大丈夫なはず」と私たちを安心させるように繰り返し、自分にも言い聞かせているようでした。二人は溶液を容器に注いで保存し、素早くノートを取り出して測定値の計算を始めました。その後、彼らはノートから顔を上げて満面の笑みで、「大丈夫です」と言いました。「水質はとてもいいです」

3年前、私の25年間の教師人生で最も多い数の、特別支援の生徒をクラスで受け持つことになりました。彼らの多くは標準テストで高得点を取ったことがなく、今後も取ることは難しいでしょう。しかし、彼らは誰もがその功績を認めるような科学の研究をやり遂げました。同様のプロジェクトを、小中高を問わずアメリカの他の学校で見かけたら、素晴らしい出来だと評価しただろうと思いました。彼らの研究が公に発表されると、それは地域コミュニティだけでなく全国でも知られるようになりました。彼らは小学校を卒業する時、町の公文書にも記載されたレポート、新聞や雑誌に掲載されたプロジェクトに関する記事のコピー、テレビで放送されるドキュメンタリーのために撮った動画、そして地域コミュニティに貢献した経験など、特別なものをたくさん手にしていました。

このプロジェクトは、ある春の日の夕方にかかってきた、古くからの友人ジョン・リードの電話から始まりました。ジョンはハンプシャー大学の地質学の教授で、いつも私は自分の専門分野や理解をはるかに超えた研究に巻き込まれるのです。今回もまた、彼の熱意には抗いがたいものがありました。

ジョンは興奮して言いました。「ロニー、新しい機材を手に入れたぞ！」私は内心「しまった」と思いました。というのも、前回ジョンが新しい機材を手に入れた時に、自分がラドンガス調査のプロジェクトに加わることになった経緯を思い出したからです。ラドンガス調査のプロジェクトは私が今まで生徒と一緒に取り組んだ中で一番ワクワクした、意義深いプロジェクトでした。しかし同時に、何カ月にもわたってうまくいくだろうかと心配し、パニックや混乱に陥ったことも忘れていませんでした。私はジョンにはっきりと言いました。「ジョン、今はラドンガス調査みたいなプロジェクトに関わる余裕はないんです」

ジョンは私の言葉に怯むことなく話を続けました。「素晴らしい機械だよ！　誘導結合プラズマ質量分析計と言って、町の水質を調べることができるんだ。生徒たちが町中の井戸水のサンプルを集めたら、どんな発見があるだろう！　そこまで詳細に水質を調べた人はいない。どんなパターンを見いだせるだろう！　飲み水に含まれる金属も検査できるし、地域コミュニティへの素晴らしい貢献にもなる」

私には、「誘導結合プラズマ質量分析計」という名前すら難しく感じられました。後に、生徒たちは（私の家の値段の3倍もする）この機械の名前をすらすらと言えるようになり、機械の内部を図解できるようになり、その働きについて的確でシンプルな言葉で説明できるようになりましたが、当時の私はジョンの話についていくのに必死でした。彼は言いました。「もちろん、これは非常にデリケートな機械で、しょっちゅう故障もする。だから、プロジェクトを予定したスケジュール通りに進めるのは難しいだろう。また、町の水のサンプルを調べるには、数千ドルの費用がかかる」

「もちろんそうでしょう。でも問題ない」私はそう思いました。「生徒たちに頼んで数千ドルの活動資金を集めてもらい、機械を優しく取り扱うようにと教えればいい」

結局、私はジョンの提案を断ることができませんでした。同僚のテクノロジー担当の先生と一緒に州の助成金申請書を書いて、機械を動かすための数千ドルの資金を調達しました。こうなれば、あとはプロジェクトをデザインするために、秋までにこの機械が一体何をするものなのかを理解し、水文学《すいもんがく》と水化学を一通り学ぶだけです。その夏休みは本当に忙しくなりました。大工仕事や、先生たちとのミーティングが入っていない時は、専門家を訪ねて指導を仰ぎました。夏休みと秋学期のあいだ中、専門家たちの知識を頼りにプロジェクトの実現に向けて準備しました。多くのリサーチを重ねても、私は常に自分の知識や理解の限界を感じていました。この水質研究のプロジェクトがなんとか成功したのは、協力してくれたアメリカ各地の科学者や教育者のおかげなのです。

卒業生の保護者で科学者のクリフ・リードは、マサチューセッツ州の水質委員会に勤務していました。彼は私に基本的な知識を根気よく教えてくれただけでなく、表層水検査キットや、生徒たちに説明するための模型、そして大量の本を貸してくれました。またボランティアとして教室で生徒を教え、野外調査にも同行してくれました。さらに、彼の研究室で地図製作をしている方が壁一面のＧＩＳ地形図を作成し、それを無料で提供してくれました。秋になった頃、この地図はカラーピンで覆われ、ハリウッド映画に出てくる警察署の壁に貼られた巨大な犯罪地図のようでした。

私は、最初から町内の井戸水のスペクトル分析に取り組むのではなく、それほど複雑でない課題から始める方がいいと判断しました。そこで、水質プロジェクトの第一段階を計画しました。町の表層水、つまり小川や湖の水を検査して、汚染の度合いを調べるのです。この検査には、高校の化学の授業で使う安価な検査キットを使用し、扱うデータの量もそれほど多くありません。

私たちは連日小川に出かけ、紅葉した木々の下で、水のpH、濁度、硝酸塩、溶存酸素などといった、川の水の健康状態を示す数値を検出しました。まだ若い5年生の生徒たち、特に行動に問題のある男子たちが、デリケートな科学機器や危険な酸を扱うことを懸念する声もありましたが、そのような心配は無用でした。男女を問わず生徒全員が、細心の注意を払い、丁寧に検査器具を扱っていました。性別も年齢も多様な少人数のチームで、ゴーグルと手袋を装着し、慎重に精密な作業を行っていました。

ジョン・リードは、二人の優秀な大学生に、実験手順とデータ解析を生徒たちに教えるよう依頼してくれました。大学生の一人、ジェシカ・ハリスは、数カ月にわたって時々教室を訪れ、エクセルの表計算ソフトで問題があった時の対応や、デジタル写真の文書への取り込み、プロジェクトのウェブサイト作成などを手伝ってくれました。生徒たちは少人数のチームに分かれて水質検査の結果を分析し、その結果について各チームが分担してレポートを書き、それらをまとめたものが報告書になりました。各チームが担当する分量は短いものでしたが、完成までに何日も、何週間もかかりました。なかには10回、12回と草案を書き直したチームもありました。生徒たちは、優れたデータ分析や科学の専門的な文章を書くには時間がかかることを学びました。

町の委員会や地元メディアで完成した報告書が発表されると、教室にはお祝いムードが広がり、生徒たちはとても誇らしげでした。生徒一人ひとりが、このプロジェクトで重要な役割を担ったのです。読み書きに大きな困難が伴う学習障害がある生徒は、コンピュータを使ったデータ分析にかけてはクラスで一番の実力者でした。重い病気のため学業に取り組むことが難しかった生徒も、水質検査については深く理解しており、現地調査で大きな貢献をしました。生徒たちは、町の井戸水の調査について、質量分析計を使ったより複雑な分析をする準備ができたと感じていました。

井戸プロジェクトが始まると、教室の様子は一変しました。生徒たちは、調査のための地図、調査票、データ項目、説明書などの準備に日々追われました。滅菌ボトルと検査キットのラベル付けや梱包といった作業をこなし、ミーティングを設定し、配布プロトコルを作成し、テストのスケジュールを組みました。科学、数学、ライティング、テクノロジー、政治など、プロジェクトを実行するのに必要な分野の授業や、クラス全体での批評の時間も多くありました。もっとも、ほとんどの日は、登校した生徒たちはビジネスパーソンのようにチェックインを済ませると、すぐさまライティングや編集、整理、梱包、果てしなく続くグラフや表などの作成に取り掛かりました。私はたびたび、生徒たちにコンピュータから離れて昼食を取るように促さなければなりませんでした。生徒たちは学校と大学の研究室の両方で作業を行いました。大学に足を踏み入れたことがない生徒や、子どもの大学進学について考えたことのない家庭の生徒も、大学の研究室で大学生や教授と一緒にプロジェクトを行ったのです。

生徒たちはこのプロジェクトに真面目に取り組んでいたか？　もちろん、とても真剣でした。人々の健康がこの検査の正確さにかかっていました。町中が、そして多くの心配性な住人たちが、検査の結果を待ち望んでいたのです。検査結果のデータを初めて手にした生徒たちは、それぞれが一つの家庭の結果について分析して報告書を作成しました。調査分析が始まって15分ほど経った頃、ある男子生徒は分析している家庭の井戸水の金属元素の濃度が、政府の定める基準より高いことに気づきました。彼は泣き出し、他の生徒も彼の周りに集まってきました。この分析については何週間も前から学んで議論し、分析のために政府の基準の数値も暗記していたのですが、その数値を実際のデータ上で見たことで新たな意味を持つようになったのです。この数値は、生徒たちも仲良くしている幼稚園児の家族の飲み水についての情報であり、彼らの人生に影響を与えるものでした。

生徒たちは、すべての家庭に個別の手紙を書きました。その手紙には各家庭の井戸水の検査結果とその結果が何を意味するのかについて説明されていました。また、水に含まれる有害物質の背景情報や、特定の問題にどのように対処すればよいかも書かれていました。私も町内に住んでいるので、プロジェクトの対象家庭のリストに載っていましたが、私のところには「おめでとうございます」という手紙が来ました。我が家の井戸水には健康に害を及ぼす元素は含まれていなかったものの、政府の定める基準値以上の鉄とマンガンが含まれていることを知らされました。手紙には、このことが引き起こし得る問題についても書かれていました。

生徒たちは家庭の井戸水の検査結果をもとに、探究するテーマを選びました。再びチームに分かれ、データ上で観察されるパターンや数値の関係性を探りました。この分析が町に提出するレポートやウェブサイトを作成する時の基盤となるのです。

この調査を行っている最中に、ある撮影クルーが訪ねてきました。彼らはアメリカ各地を回って、優れた先例となるサイエンス・プロジェクトをテーマにしたドキュメンタリー映画の準備をしていたのです。クルーは1日かけて、生徒にインタビューをしたり、授業風景を撮影したりしました。2週間後、私たちがプロジェクトに取り組んでいる様子を映した5時間ほどの未編集の映像が送られてきました（ここでアドバイスをしますと、自分自身や自分の教室の様子を写したビデオテープを5時間も見なければならない状況は、絶対に避けた方がいいでしょう。自分の写真を見て「これが私？　こんなひどい顔をしているはずがない」と思った経験があると思いますが、その気持ちを5時間味わう羽目になりました）。

ビデオテープは素晴らしい瞬間をいくつも捉えていました。二人の男子生徒がコンピュータで散布図を作成し、予想したパターンが画面に現れた時に「ちゃんとできた！ちゃんとできた！」と歓声を上げ、踊って喜ぶ様子。研究チームがクラスでデータを発表し、クラスメートたちからの素晴らしいフィードバックを受けて白熱した議論を展開している様子。研究チームが発見したことの多くは、生徒たちの予想に反していました。例えば、ある新築住宅の水から高濃度の鉛が検出されたのです。一体何が起こっているのでしょう？　これらは配管の鉛ハンダが廃止された後に建てられた住宅だったので、鉛が地下から来たものではないことがわかっていました。この鉛はいったいどこから来たのでしょうか。映像からは、生徒たちが本格的な研究を前にして混乱と興奮を感じていることが伝わってきました。また、教室で他の生徒が騒がしくしているなか、低学年の男子生徒と女子生徒がテーブルの下で一緒に座って、辛抱強く丁寧に封筒のラベルを貼っている心温まるシーンもありました。ありがたいことに、個別のインタビューに答えた子どもたちはみんな、落ち着いて、幅広い知識をわかりやすく説明していました。

しかし正直なところ、5時間にわたる生徒の熱心な作業風景は、時には騒がしく、あるいは細かい作業ばかりで、見ている人がワクワクするような映像ではありません。私には、この映像が誰かの役に立つとはとても思えませんでした。

ある日、そのビデオテープを学校に持って行き、生徒たちが作業をしている時に教室の隅で再生してみました。生徒たちは最初、自分たちがテレビに映っていることに夢中になっていましたが、10分ほど経つと離れていき、そのあとは低い単調な音を立てているテレビに興味を示しませんでした。5時間たった後、人類史上最も退屈なビデオテープだという意見にクラス全員が同意しました。

1カ月後、その映像を編集したものが郵送されてきました。5時間だった映像は8分51秒にまとめられていました。1時間のドキュメンタリー映画のうち、私たちのプロジェクトに充てられた時間です。私は生徒たちと一緒にそのビデオを見ました。マリアがインタビューされた時の自分の服装に愕然としていたのを除けば、生徒たちはみんな、教室の様子とプロジェクトの描写は素晴らしいという意見で一致しました。生徒たちはドキュメンタリー映画のクルーに手紙を書き、ポートフォリオの発表に使ったり、家族に見せたりするために、生徒一人ひとりにテープのコピーを送ってもらえないかと交渉しました。ある男子生徒は、この映像を大学入試の面接で使うために大事にとっておくと言いました。私は、自分のクラスの一日の様子が上手にまとめられた、9分間の記録が残ったことをとても嬉しく思いました。

このプロジェクトで生徒たちが見せた成長ぶりには驚かされました。生徒たちが扱ったデータは、倫理的・感情的な配慮を要するものでした。このデータは町の人々の健康に関与する機密事項だったからです。プロジェクトの間、生徒たちが信頼を損なうようなことは一度もありませんでした。ある家庭の井戸水の水質結果が懸念される数値だった時には、クラス全員が一丸となって、どのようにその懸念を知らせ、この家庭をサポートするのが最善策なのか、深い丁寧な議論が交わされました。ある幼稚園児の家庭の井戸水の検査結果が非常に不可解で気になるものだった時には、その家庭により詳しい情報を求めました。その結果、検出された高いレベルの銅は、長い間使われていなかった洗濯機用の蛇口から採取されたものであることが判明しました。高校や大学や専門家から借りた機器も、生徒たちは数カ月のあいだ問題なく扱い、調査の現場や研究室で協力してもらった大学生と大学教授には礼儀正しく接していました。

私はいつも、生徒たちの自律的な姿に感銘を受けていました。ある朝、ジュリアとマリアが、「自分たちの担当部分が終わったので、次の課題に取り掛かれます」と言いました。私はその時とても忙しくて丁寧な説明ができなかったのですが、町の役員や市の職員の名前が掲載された冊子を見せて、そろそろ調査で明らかになったことの概要や報告書の全体像について説明したレターを書き始める時期だと伝えました。二人はその冊子を持ってコンピュータ室に向かい、私は他のチームへの講評を再開しました。2時間半ほど経って、ジュリアとマリアが教室にいないことに気がつきました。二人はグループでの批評セッションに不在だったし、これから始まるデータ解析についての数学の授業も逃してしまうところでした。「二人はどこにいるのだろう?」と言うと、カールが「コンピュータ室にいるから、呼んできます」と言って出ていきました。

二人は、手書きの美しい書体で町の役員の名前が書かれた封筒を山ほど持って帰ってきました。封筒にはワープロで作成されたビジネスレターが入っており、各委員会に合わせた内容になっていました。レターに目を通してみると、書式もレイアウトも文法も適切で、科学に基づいて正確に、そして丁寧に説明されていました。大人が書いても1日や2日はかかる内容で、二人が給料をもらっていないことにちょっとした罪悪感を覚えるほどでした。

このプロジェクトには数カ月を要しました。これだけの時間を使って、代わりに州の新しい要件（スタンダード）で定められた何百もの項目のうち50か60でも勉強して、テストのために知識を暗記すべきだったでしょうか？　州の助成金がどのように使われているかを確認するために教育委員会の担当者が学校を訪問した時、彼は州の基準にある項目を授業で取り上げているかをチェックするためのリストを持ってきたようでしたが、私は見向きもしませんでした。教育委員会の担当者は、生徒たちが研究結果を見せるなり、すぐさまこう聞いてきました。「撮影クルーを引き連れて、また来てもいいですか？」州の教育委員会が教室におけるテクノロジー活用のプロモーションビデオを制作した際、私たちのプロジェクトは数少ない事例の一つに選ばれました。生徒たちに意義のある素晴らしい研究をさせるために、膨大な情報を表面的に教える授業を犠牲にしたことを後悔しているか？　いいえ、もちろんそんなことは思いません。生徒たちの多くは将来、科学者になりたいと考えています。実際には、マリアがクラスメートに言ったように、彼らは既に科学者です！

昨年、スーパーのレジにいた時に、レジ係の店員がこのプロジェクトに参加した生徒の母親だということに気がつきました。彼女は私の顔を見て言いました。「私の息子は変わりました。いくらテストの結果が振るわなくても、息子は自分が勉強のできない生徒だと思わなくなりました。あのプロジェクトを成し遂げたのだから、自分にはそれだけの能力があると信じているのです」

第４章　工具箱③ エクセレンスを教える

先生をサポートする

今日は雨も雪も降っていない、いつもより明るい土曜日の朝です。怒れる校長先生のことはもう誰も気にしていません。古い校舎ならではの高い窓から、今日はささやかな太陽の光が職員室に注いでいます。テーブルの上には、公立学校の先生たちのつつましい朝食が並んでいます。豪勢な企業のブランチとは対照的です。オレンジジュース、プラスチックのカップ、蓋付きの発泡スチロールカップに入ったコーヒー、箱入りのミニドーナツ、紙ナプキン。

今日は先生たちが、プロジェクトの序盤で生徒たちがつくった作品を持ち寄っていました。最初のミーティングから私たちは確実に前に進んでいました。大がかりな作品ではありませんが、先生たちは誇らしげです。これが始まりなのです。「生徒たちはワクワクしています」と先生たちは言い、さっそく作品をみんなで鑑賞してコメントを言い合いました。最初に出てくるコメントはたいてい褒め言葉です。もちろん、それで構いません。誰もが肯定してもらいたいと思っているので、これは良い出発点です。そこから、グループを建設的な批評へとそれとなく導いていきます。この作品をもっと良くするために何ができるでしょうか？　どのような戦略が有効でしょうか？　先生たちは批評の時間を自分の授業に取り入れ始めていましたが、同僚に自分の教室での仕事を共有して、批評しあうのは今回が初めてでした。

ミーティングに参加した先生たちは一人ずつ順番に批評を受けます。発表する先生は、自分の教室で行ったことを説明します。他の先生たちからの提案が非常に優れていることに、私は感銘を受けました。多くの的確なコメントや戦略のアドバイスが寄せられたのです。そのあと私も一人ひとりの先生に助言をしました。驚いたことに、発表者は誰一人として防御的になることなく真摯に耳を傾け、ほとんどの先生が寄せられたコメントや助言をメモにとっていました。

批評セッションのあと、春に開催する発表会についてアイディアを出しあいました。通常学級、特別支援学級、英語を母国語としない生徒たちが一緒になって、発表するための作品をつくることになります。学校ではカリキュラムの項目を網羅することが強く求められているため、発表会はどの学年のカリキュラム内容にも簡単に組み込めるような枠組みにする必要がありました。そこで、「著者の夕べ」と題して発表会を開催することにしました。地域の人々とメディアを学校に招待し、本を見たり、著者と交流したりしてもらうのです。そしてその著者とは、生徒全員です。生徒たちは発表会までに、いくつもの草案を経て本をつくり上げ、本についてのプレゼンの練習や準備をします。

先生たちは相談して、本のテーマは統一しないことにしました。生徒たちが書く本は、フィクションでもノンフィクションでも構いません。本のテーマは、授業で学んでいる内容に合わせてそれぞれのクラスの先生が選択します。プロジェクト全体で決められているのは、最終成果物の評価基準、発表の形式、プレゼンテーションのリハーサルを行うことです。先生たちはこの計画にワクワクしていました。

私はこの学校の先生たちにとても感銘を受けました。校舎はボロボロ、学校の管理職は最悪、生徒たちは一進一退という状況です。新聞はテストの点数が悪いといって学校や先生を批判します。でも、この先生たちは諦めていないのです！

学校改革を計画する人は、私たちがしたように、時には公立小学校の先生たちの朝食会に参加するべきです。学校を改善したいなら、先生を支援することから始めなければなりません。法律を立案し、テストを義務づけ、新しい基準を設けるといったやり方もありますが、先生をサポートできなければ、学校はほとんど変わらないでしょう。

教えることは天職

25年間の教師生活の中で、私は2回休職したことがあります。まず、教師になって8年経った頃に、大工としてフルタイムで働くために1年間休職しました。この1年は、私にとっていろいろな意味で有意義な年でした。私は家族のために、教師の給料では難しかった貯蓄をすることができました。また、最新の建築技術や知識を集中して身につけることができました。それはまた、教育についてじっくりと考える機会でもありました。

大工の一日は長く、しばしば厳しいものであり、すべての仕事が楽しかったわけではありません。真夏の8月に、ガラス繊維の粒子が汗ばんだ顔に落ちてくるなか、仰向けになって天井裏の断熱工事をしたこともありましたし、冷たい風が吹く1月に、雪の積もっているスレート屋根の上で棟《むね》につかまって作業をしたこともありました。しかし、この1年は私にとって、深い安堵感に包まれた、休息の時間に他なりませんでした。教師である私を頼りにしている子どもたちや家族たちに対する責任感。毎朝、準備万端で出勤し、笑顔で子どもたちを迎えなければという気持ち。慌ただしいスケジュールのなか、考える時間や昼食を取る時間はほとんどありません。そして、「授業では明確な説明ができただろうか?」「ルールをしっかりと伝えられただろうか?」「こまやかな気遣いができただろうか?」「子どもたちに適切な刺激を与え、生徒一人ひとりを支援できているだろうか?」というプレッシャーを感じています。これらすべてを心配する必要がなくなったのです。

大工生活をしていた時の私は髭も剃らずにゆったりと出勤し、午前中いっぱい、太陽の光が降り注ぐ美しい古民家の一角で、階段の手すりを丁寧につくるという、穏やかな時間を過ごすことができました。必要に応じて少し遅く現場に出かけることもできたし、休むという選択肢もありました。教師生活で欠勤した時に感じたような、私が懸命に築き上げてきた、誰もが礼儀正しく接しあう安全な教室の環境を、代わりの先生がうっかり壊してしまうかもしれない、という危惧に苛まれることもありませんでした。私は、木材を組み立てて何かをつくり、それが長いあいだ壊れないと信じることができました。学校では、ある日うまくいったと感じても、その成果は脆くてはかないと感じたものです。大工生活をしていた時は、夕方に家に帰り、家族と一緒にゆっくり夕食をとり、その後、２階で机に向かって学校の仕事をする代わりに、家族団欒を楽しむことができました。おそらく何よりも良かったのは、授業や生徒たちの心配そうな顔について考えることなく、深く熟睡できたことです。

その年、私は「教えるというのは大変なことなのだ」と思い知りました。説明し尽くせないくらい大変なことなのです。継続して成果を出し続けるためには、独特の体力を必要とします。休職して一息ついてみると、自分がそれまでどれだけ速く走っていたのかということに初めて気がつきました。才能や選択肢を持つ人が、他の多くの職業なら得ることができる収入や働き方の柔軟性や周りからの評価などを諦めて、多くのストレスがかかる教師という道を選ぶなど、正気ではないと感じるほどです。つまり、教えることが天職だと感じていなければ、続けるのは難しい仕事だと思います。教えることこそが自分の使命であり、自分の力が最大限に発揮され、世界に貢献できる方法だと感じている必要があります。

私は学校に戻らなければならないとわかっていました。生徒たちと関わる仕事が好きでしたし、自分が追い求めた教育を行える理想的な環境に恵まれていました。私の能力を最大限に引き出してくれる学校に出合えたのです。いつもインスピレーションを与えてくれる同僚がいましたし、学校の管理職は先生たちがカリキュラムや学校文化を自由にデザインできるようにサポートしていました。子どもたちを中心に据えたビジョンを共有し、地域コミュニティからの信頼も得ていました。疲れる日々ではあったかもしれませんが、情熱を持ち、創造性を発揮して、作品の質にこだわるというビジョンを、妥協することなく追い求めることができたのです。どんなにストレスがあっても、このような環境に恵まれたことを幸せに感じていました。

才能と情熱のある先生を採用し、働き続けてもらうために、学校は何をしたらよいのでしょうか？　私はこう考えます。契約時のボーナスや能力給、特別な肩書きといった仕掛けは必要ありません。これらすべてのボーナスを合計しても、優秀な先生が企業に転職して稼げる金額には遠く及びません。優秀な先生は教師という職業を天職だと考えており、彼らが何よりも望んでいるのは自分の教え方が尊重され、成長を支援してもらえる環境なのです。才能ある若者に、教師という職業に興味を持ってもらうには、まずこの職業の重要性を反映した給与体系を実現しなければならないでしょう。現在、教師の給与は一般企業に勤めるのに比べて大幅に少ないため、優秀な学生は教職を自分のキャリアの視野に入れることはほとんどありません。アメリカにおける教育学専攻者は、下位50%の成績の学生たちです。しかし、給与を改善するだけでは解決しません。十分な時間やリソースを与えられ、尊敬され、支援され、自分の仕事に誇りを持てるような環境がなければ、優秀な先生も長く勤めることができないでしょう。

アメリカの新任教師の半数近くが、最初の5年以内に退職をしています。彼らが最も大きな壁に感じるのは給料の低さではありません。彼らは孤立した環境で、しばしば何の支援も得られず、信頼や尊敬もされないことに苦しみます。すぐに業務でいっぱいいっぱいになり、意欲を削がれてしまうのです。これが最も大きな問題です。

私が訪ねた公立学校のなかには、よりポジティブな学校文化を持っているところもあります。パイロット校やチャータースクール、地域コミュニティとの強いつながりを持つ学校、ビジョンを持つ学校管理職がいる学校などがそうです。これらの学校が他と大きく違うのは、先生たちが尊敬されているという実感を持っていることです。彼らはカリキュラムの作成、一日の時間割の組み方、新しいアイディアの試行を一任されており、他の先生や教職員からサポートされています。彼らが職員室で退職や転職の話ばかりして日々を過ごすことはありません。

先生たちは、授業に必要な計画、準備、考察、研究、協働をするための時間を確保できる勤務スケジュールを必要としています。また、カリキュラムや教育法や学校文化に関する彼らの専門性が尊重されること、それがきちんと学校の方針に反映されることを望んでいます。貧しい家庭の子どもたちを、夜も眠れないほど心配しており、彼らを支援してほしいと考えています。仕事をする上で、プロフェッショナルとして尊敬され、成長していけることを望んでいます。そして、息抜きする時間も必要としています。州、教育区、学校、教育委員会からの要求はきりがなく、先生たちはその対応に時間をとられ、生徒にとって最も効果的な学習方法について、専門的な知識をもとに検討する時間や機会をほとんど与えられていないのです。

この5年間で、私の知っている才能ある先生の大部分（多くは権威ある教育賞の受賞者です）が、定年を前にもっとやりがいのある仕事を求めて退職しました。彼らのほとんどは悲しみと悔しさのなか、先生を辞めていきました。教育の「危機」に対して政界や教育分野の官僚は無責任な「解決策」を先生たちに押しつけており、教室で先生が創造性を発揮する機会は失われています。先生たちの毎日は、次々に突きつけられる、互いに矛盾する要求に応えることで精いっぱいです。自分の仕事ぶりをほとんど生徒のテストの点数だけで判断される先生たちは、自分の基準をこれ以上妥協することはできないと感じているのです。「数千ドル程度のボーナスを支給して、退職した先生に再び教壇に立ってもらおう。専門職とはいえ、教職を選んだ時に50万ドルもの生涯給与を得る可能性を捨てて、子どもたちの教育に人生を捧げようとしたのだから十分なはずだ」といった考えは、権力のある地位にいる人々が先生のひたむきな努力の源泉について全く理解していないという悲劇を物語っています。

私が2回目の休職をしたのは教師になって15年経った時でした。著名な教育者ハワード・ガードナー氏のもとで学ぶという貴重な機会に恵まれて、修士課程に進学したのです。春学期のスケジュールを調整して、彼が指導する研究グループ、ハーバード・プロジェクト・ゼロに参加することができました。その春、プロジェクト・ゼロの研究者スティーブ・サイデル氏とデニー・ウルフ氏の指導のもと、私は自分の研究計画を立てました。

私の研究のアプローチはシンプルでした。良い学校のうまくいっている教室を訪れるのです。そしてその訪問で発見したことを記録し、議論しようと考えました。訪れるべき学校を探す際には、同僚をはじめ、教育関係者、友人や家族、そしてパーティーで出会った人たちまで、何らかのつながりがあった人ほぼ全員に尋ねました。「私が訪問すべき学校や先生、あるいは教育プログラムを知っていますか？」年齢や状況に関係なく、あらゆるきっかけをつかもうとしました。

候補の学校に合わせて内容を調整したメッセージを準備して、片っ端から電話をかけました。ハーバード大学で優秀な学校と教師について研究をしており、あなたの学校を推薦している人がいたので訪問させていただきたいのですが、と伝えました。これは事実でしたし、私が15年も森に隠れていた一介の教師で、素晴らしい教育が行われている学校からアイディアやインスピレーションを得たいと思っている、と言うよりは聞こえが良かったのです。それからすぐに、トラックで州や地方をくまなく走り回る日々が始まりました。それは本当に素晴らしい体験でした。ある都市部の幼稚園を訪れた時、私は教会の別館の地下にある教室に案内されました。教室の乳白色のガラス窓からは交通や工事の音が漏れ聞こえていました。その翌日には、私立の進学校の広大な芝生を、金ボタンのついた青いブレザーに身を包んだキャンパスツアーのガイドと一緒に歩いていました。そしてどの学校でも、先生が生徒と一体となって学ぶ見事な授業に感嘆することになりました。学校の廊下を通って教室のドアを開けると、そこには先生の特別な才能と魔法で満たされた世界が広がっていたのです。

ある学校で私は不思議なものを見ました。それは黒人が通う都市部の高校で、ある教室に1950年代のソーダファウンテン〔ミルクシェイクやパフェを提供するお店〕のような装飾が施されていたのです。あるいはバレンタインのパーティーのような飾り付けといってもいいかもしれません。暗く古びた校舎の外壁にはギャングによる落書きがあり、学校の入り口には金属探知機が設置されていましたが、その教室は日当たりが良く明るい雰囲気でした。小さな丸い作業机の上には赤と白のチェックのテーブルクロスがかけられ、カウンターには本物の花が飾られています。壁は赤い壁紙が貼られていて、装飾用の敷物がかけられ、あちこちに生徒の作品が芸術的で華やかなアレンジで掲示されていました。装飾は可愛らしすぎて、高校生には笑われるのではないかと想像したのですが、私は完全に間違っていました。ある女子生徒が、ギャングの生徒たちでさえ、この聖域に入る時には帽子を脱いで敬意を示すのだと教えてくれました。私がこの教室で英語の授業を見学していると、他のクラスの生徒たちがドアから教室を覗き込み、教室の装飾に感嘆の声を上げて授業はたびたび中断されました。「この教室が好きだ！」「この教室で勉強したいなあ！」という声が聞こえてきました。

ある学校では、小学2年生が教室で本を読んでいたのですが、そこはまるで浜辺の様相でした。教室の一角に木枠で囲われたスペースがあり、トラック1台分の砂で埋まっているのです。背後には生徒たちによって描かれた空と海の壁画があり、砂の上には彼らが海辺で集めた貝殻や石、流木などがちりばめられていました。クランプ式ライトの温かい光のもとで、ビーチチェアやブランケットに座って静かに読書をする生徒たちは、私の訪問も気にならない様子で海辺の世界に入り込んでいます。

5年生を教える優秀な先生の授業を見学した時、廊下の先の教室にもう一人、会ってもらいたい先生がいます、と言われました。「私の教室が気に入ったのなら、彼女の教室も好きだと思います。私たちは同志なんです」廊下を歩いてその教室に辿り着くと、そこは今出てきたばかりの教室とはまるで違っていました。最初の先生は若い白人女性で、子どもたちと気さくな雰囲気で接しており、彼女の教室はプロジェクトやアートの作品で雑然としていました。二人目の先生は、厳格な性格の年配のアフリカ系アメリカ人女性で、ピカピカに磨き上げられた教室には机がきっちりと並んでいました。どちらの先生にもとても感銘を受けたものの、私はすっかり混乱していました。一緒に昼食をとった時に話を聞くと、二人は友人であり、お互いに同じ教育観を持っていると考えていることがわかりました。私は、二人に共通しているビジョンとはどのようなものか尋ねました。

二人は昼食の間中、それについて話してくれました。「教えるとは紙と鉛筆を使ってすることではなく、人間関係を通してするものです。私たちは、新しい学年が始まる前に生徒の家を訪問するようにして、保護者と密に連絡を取り合っています。また、生徒たち一人ひとりをよく知ろうと努力しています。生徒がより自信を持ち、成功するのを私たち教師が手助けしたければ、その生徒のことをよく知る必要があるからです。その生徒にとってのベストな作品がどのようなもので、より良くできるのはどの部分かを正確に知らなければ、効果的に指導することはできません。この学校でも多くの先生は教科書の内容をそのまま教えているだけですが、私たちは真心を込めて教えています。私たちは生徒を愛しているし、生徒たちも私たちが大好きです。同僚の先生の中には、私たちを好ましく思わない人もいます。一生懸命やりすぎると言われるし、保護者たちが自分の子どもを私たちのクラスに入れてほしいとリクエストするからです。でも、私たちはこれ以外の方法で教えようとは思いません」

私は、二人の先生が生徒一人ひとりあるいはクラス全体に巧みに働きかけて、生徒にインスピレーションを与え、挑戦させ、彼らの背中を押し、成長と自信を育んでいるのを見て、その芸術的な腕前に感嘆しました。そして、教師である私が生徒たちの力になるために大切なのは、私自身と生徒たちとの間に良い関係性を築くこと、および生徒同士が学習面や社会面でポジティブな影響を及ぼしあう関係性を築くような文化を育むことであると悟りました。

　学生時代、私の人生に変化をもたらした先生たちは、生徒を支援し、背中を押す術を心得ていました。先生との関係は温かくカジュアルなものだったり、フォーマルで少し緊張感を伴うものだったりしましたが、先生たちはその関係性を巧みに使って見事に私を導いてくれました。そのような先生との関係性があったからこそ、私は先生の学習に対する情熱や教科の知識を受け取ることができたのです。私がこれまで言葉を交わしたことのある人もみんな、学生時代に自分と良い関係性を築き、自分の人生に深い影響を与えてくれた先生が何人かいたことを話してくれます。

　そうした恩師の影響力は古臭い話だと思われるかもしれませんが、近年その大切さが見落とされがちなのではないかと気がかりです。さまざまな教室を訪ねたそのプロジェクトから10年後、私はワシントンＤＣで行われた学会で発表をしました。学会で主に議論されたのは、都市部の学校の学力レベルをいかに向上させるか、マイノリティの子どもたちが学業面で不利であるという状況を生み出している連鎖をどう断ち切るかといったテーマでした。その議論のなかでは、教師のスキルを強化することではなく、教師の質に左右されない教育を実現することが解決策とされていました。

　学会で私は、友人であり、ニューヨークの優秀な教師に贈られる賞の受賞歴もあるエヴィリン・ジェンキンス・ガン先生と共同発表をしました。一見、エヴィリン先生と私はこれ以上ないほど対照的です。彼女は南部で生まれ育ったアフリカ系アメリカ人で、ニューヨーク市郊外の高校で英語を教えています。私は北部で育った白人男性で、ニューイングランドの森の中にある小学校の先生です。私たちはカーネギー・ティーチング・スカラーとして、3年にわたって夏休みの期間を利用し、アメリカ各地から集まった何人かの先生たちと一緒に教師の実践について研究しました。その経験を通して、彼女と私は内面がよく似ていることがわかりました。私たちは評価基準や生徒に対する期待についてのビジョンを共有しており、同じように生徒たちに愛情を持っていて、お互いに古くからの友人に会ったような気持ちでした。

　学会の参加者は焦燥感に満ちていました。彼らはすぐに変化を生み出さなければならないと感じており、それは当然のことでした。都市部の生徒たちはこれまでずっと社会から無視されてきたのです。社会的な不正義を正すために、今こそ抜本的な法改正が必要だと彼らは考えていました。その情熱は素晴らしいと感じましたが、彼らのビジョンについては懸念がありました。彼らは近道を求めていたからです。そして法制化によって、すべての子どもたちの学力を向上させ、成功させようとしていました。より多くのテストを課し、進級の条件を厳格にする必要があると考え、すべての学校に必ず適用される法律や規則を定めようとしていたのです。彼らが思い描いていたのは誰が教えても成功するカリキュラムであり、教師の質に左右されずに、学習コンテンツを効率的に伝達できるシステムでした。教えることではなく、生徒が適切な量の学習コンテンツを受け取ることにフォーカスしていました。体系化され、測定可能で、すぐに拡大できるような、知識を届けるシステムをつくろうとしていたのです。

　私は彼らの使命感と熱意に感銘を受け、また焦る気持ちはもっともだと感じました。しかし、彼らの考える教育とは、生徒の頭の中に知識を詰め込むことでした。どのようにして生徒に理解させ、発見を促し、批判的な思考を身につけてもらうかについては、全く議論されませんでした。トップクラスの学校では、生徒たちが専門性の高い職に就けるよう、暗記の域を超えたスキルを身につけるカリキュラムが中心であること、またそのような優れた学校で働く先生は尊敬されており、一流の教え方をしていることについて、誰も言及しませんでした。しかし都市部の非白人の子どもたちも同じ教育を受ける権利があるはずです。

　エヴィリンと私は昼食の席で周りを見回し、あることに気がつきました。教育改革について話しあうこの学会の参加者のなかで、教師は私たちだけでした。その日の午前中の基調講演は1時間を超えるものでしたが、「教える」や「先生」という言葉は一度も出てきませんでした。参加者の中には、私が教師であることを知って、慇懃無礼に振る舞う人もいました。「申し訳ないけれど、ヒーローみたいな先生はもう必要ないんです」と言われました。「ハイメ・エスカランテ先生〔第2章参照〕のような伝説的な教師や『今年一番の先生』を選出して称えるのはもうけっこうです。いつの時代でも、現状のカリキュラムのもとで素晴らしい効果を生み出す先生が数人はいるものです。しかしほとんどの場合、現状のカリキュラムはうまく機能していません。マイノリティの子どもたちの学力向上にも失敗しています。都市部の学校教育は、先生の能力を頼りにしたシステムではだめなのです。優れた先生はほとんどいないからです。先生の能力に依存しないシステムが必要なのです」

私たちの共同発表でエヴィリン先生の担当部分になった時、彼女は大勢のきょうだいと一緒に育った田舎の掘っ立て小屋の写真やボロボロになった本を見せてこう言いました。

「私が、自らの不利な環境を克服して今ここにいるのは、ある先生のおかげです。私の人生に大きな影響を与えた、あるパワフルな先生が私のことを信じてくれたからです。彼女は私の心を揺さぶり、貧しくても、白人でなくても、また容姿の美醜や体格の特徴にかかわらず、成功できることを教えてくれました。私がアメリカを代表する教育のプロフェッショナルとしてこの学会で講演しているのは、私の人生を変えた先生のおかげなのです」

エヴィリン先生の話は、まさにこの学会で議論になっていることについて語っていました。希望が持てずにいる生徒たちを、どのように成功に導けばよいのか。貧しい黒人の家庭の子どもに、どのようにして素晴らしい人生への道筋を示せばよいのか。私は、学会の参加者たちに彼女のメッセージが届くことを祈るばかりでした。彼女の人生を変えたのは、先生だったのです。

教える技術

大工には何年もかけて技術（craft）を習得していくプロセスがあります。見習いとして何年も働いた後で、やっとプロフェッショナルな大工とみなされるようになるのです。若い大工たちは、経験豊富な先輩たちが目を光らせて監督する環境で、少しずつ自立し責任を持つことを促されながら仕事をします。彼らはテストを受けるのではなく、優れた技術や高い質へのこだわり、働く上できちんとした倫理観を示してみせることで自分の力を証明していくのです。また、彼らは大勢の先輩大工から教わることになります。

学校を卒業したばかりの大工が、あなたの家を建てることになったと想像してみてください。彼は建築に関する本を読み、たくさんのテストを受けて学校を卒業しましたが、建築現場での経験はわずか数カ月で、たった1週間前に初めて現場責任者となりました。それだけでなく、彼は一緒に協力してくれる仲間も、仕事を指導する者も、意思決定を監督する者もなしに、あなたの家を完全に一人で建てるつもりです。この状況を不安に思わない人は正気とは言えないでしょう。しかし、1年目の先生も同じように準備ができていないはずなのに、一人前の教師として子どもたちを教えることを当然のごとく求められるのはなぜでしょうか。大学を卒業したばかりの、実際に現場で教えた経験がほとんどない先生が、教師としての責任を最初からすべて負わなければならないようなシステムを、一体誰が考えたのでしょうか？

現状のアメリカの教員養成制度は、教える技術を指導し、その習得をサポートする仕組みとして十分に機能していないと思います。大工の常識からしたら、先生になるための準備期間は、大工が見習いとして学ぶ期間を数カ月、あるいは数週間に短縮しているようなものです。子どもの教育は、少なくとも家を建てるのと同じくらいには大切に扱われるべきではないでしょうか。

大工は、親方から何年間にもわたって指導を受け、時にそれは一生続きます。私自身、大工の仕事におけるパートナーとお互いによく相談しあっています。一方、先生は教室で一人ぼっちです。1年目の先生が、教室で一人ぼっちにされているのです。近年ではメンタープログラムを採用している学校もありますが、その場合もメンターは遠く離れた別の教室、つまり別世界にいます。1年目の先生のほとんどは、生徒との関係構築や指導方法の確立に苦労しており、多くの先生は自分が学生だった時に使われていたシステムや戦略を、それが特に効果的ではなかったとしても、頼りにしている状況です。先生たちは次の1年、もしかしたら30年もの間、その戦略に不安を感じながらも使用し続けるかもしれません。非常に残念なことですが、教室で孤立していることを幸いだと考える先生も少なくありません。なぜなら、多くの先生は自分の実力不足を痛感しており、他の先生にそれを見られたくないと感じているからです。先生たちは、クラスの成績の良い生徒を誇りに思う一方で、クラス全体としてもっと上を目指さなければならないという責任を感じています。また、慣れ親しんだ戦略に固執し、新しい考え方や戦略を脅威に感じています。教えるスキルを磨くためのワークショップへ参加するように言われても、なぜ新しい方法がうまくいかないと感じるのか、その理由を並べ立てるのです。

私はここで先生が置かれている厳しい状況を描いていますが、もちろんすべての先生がそうだというわけではありません。しかし、私はアメリカ各地の学校の先生と関わるなかで、いかに多くの先生が孤立し、自己防衛に陥り、自信を喪失しているかを痛感させられました。

地元の大学で夜間の教職課程の講師として勤務していた時、教員養成のあり方の限界を身にしみて実感しました。教育学部の教員は才能に溢れていたし、私自身も未来の教師である学生たちに全力でコミットし、その養成に取り組みました。しかし、教室に座っているだけでは大工の仕事を学ぶことができないように、講義を聞いているだけで「教える」ことを学ぶことはできません。何年も後に、その大学で教職課程を修得した教え子に訪問先の学校で偶然出会った時、大学の授業がどれほど役に立ったかを尋ねてみました。彼女はこう答えました。「教職課程の先生方は素晴らしかったです。でも、いざ自分が教師になって教壇に立った時、何をどう教えたらいいのかわかりませんでした。教えるための実践的な練習をほとんどしてこなかったので、どうしたらいいのかわからないことがたくさんありました。そして、わからないことについて聞ける人が周りにいませんでした」

もっと他のやり方があって然るべきです。大学院時代の日本人の友人たちは、教師という職業に対して全く違う考えを持っていました。彼らは大学院を修了すれば帰国して就職することになりますが、日本において教師は他の職業より給料が比較的良く、社会的地位があり、尊敬されているのです。先生は公衆の場でも敬意をもって挨拶をされる立場であり、仕事場では同僚から絶え間なくサポートを受けられます。アメリカの先生と比べて、日本の先生には授業計画のための時間が確保されており、他の先生と協働する機会も多くあります。また、自分の授業を同僚に見てもらったり、他の先生の授業を見学したりして、優れた指導の方法を学びあう文化があります。若い先生たちはベテランの先生たちをモデルにしているのです。

アメリカにも、希望の光はあります。いくつかの地域では、企業並みの給与待遇を教師に提供し始めました。また多くの州で、初年度の先生に対するメンタープログラムが重要視されるようになってきました。しかし、まだまだ改善の道のりは長いでしょう。ある年、私の娘は高級レストランでウェイトレスとして働き、私がフルタイムで教えているのと同じくらいの収入を得ていましたし、ケータリングビジネスを始めてからは、私の年収を簡単に超えてしまいました。

また、私の知る限りでは、経験豊富な先生でメンターを志願する人はほとんどいません。少しばかりの報酬は出るものの、自分の本来の業務に支障が出るような運営体制になっているからです。大工の見習いとは違い、「見習い」の先生たちは一人で奮闘しています。ベテランの先生とチームを組んで教えてもらう仕組みはありません。それなのに、見習いの先生はベテランの先生と同じだけの責任を負っているのです。メンター役の先生にはフルタイムで教壇に立った上で、違う教室で行われる見習いの先生の授業を観察し、指導し、サポートし、彼らに教える時間を捻出することが期待されています。しかしほとんどの先生は、他の教室の先生を助ける余裕がないばかりか、トイレに行く時間もない状況なのです。

アメリカでは教師の数を確保することが求められており、常に新しい教師を養成する必要があります。そのために、私たちが取れる道は二つあります。一つ目は、給料や職場環境を改善し、社会的地位を上げることで、教職という仕事を非常に魅力的なものにするというものです。多くの優秀な大学生にとって教職が魅力的な仕事となれば、採用基準も自ずと高くなるでしょう。教員養成には長期間にわたる見習い期間を設け、ベテランの先生による指導のもと、教室で実際に教えることを学べるようにします。新卒の先生が自立して教え始める頃には確かなスキルが身についていて、ゆるぎない自信に満ちており、教職を長く続けたいと思うでしょう。

二つ目の道は、短期的には最初の案よりお金はかかりません。教師の給料や労働環境や社会的地位を変えるのではなく、教師になることをもっと容易にするのです。採用基準を低くし、お金のかかるインターン期間も設けず、短時間で教員の資格を取得可能にするのです。そうすれば、明確な進路希望や選択肢を持たない大学生が大勢集まってくるでしょう。卒業後には教室に一人で放りこまれることになりますが、その半数がすぐに辞めたとしても、安い労働力をもっと投入することができるでしょう。

私たちがどちらの道を選んだかは明らかです。この選択によってどんな代償を払うことになるのか、長期的な視点で検討するべきではないでしょうか。

教え方の研究者

教師を研究者でもあると考えるのは、それほど不自然なことではありません。実際、質の高い教育を実現しているアメリカの名門校や他の国の学校では、先生が自らを学者であるととらえていることが多いのです。

教師であり学者であるという考え方は、特に新しいものではありません。アメリカでは、先生が自身の実践を記録して検証したり、他の先生の仕事を観察したりして、一番良い指導方法を比較研究する伝統があります。また、これが当たり前とされている国々では、教育の学術雑誌に掲載される論文のほとんどが、大学の研究者によるものではなく、学校の先生が自らの実践について書いたものです。

問題は、アメリカではほとんどの人が「教師は研究者である」という概念に気づいていないことです。指導方法を研究する公立学校の先生が支援されることやそれが奨励されることはほとんどありません。また、そういった研究が指導方法の改善にもたらす効果を、ほとんどの学校管理職や政策担当者は認識していません。この数年の間、カーネギー財団の研究プロジェクトに参加する傍ら、教え方の研究について多くの議論に同席してきました。教え方の研究の正確な定義について合意が得られるかどうかわかりませんが、私はこれが強力で重要な動きであると確信しています。

この10年間、私は指導の実践について研究している多くの先生たちと一緒に時間を過ごす機会に恵まれました。どの先生も、その研究を通して知識を得て、ワクワクしていました。彼らは、学会や専門家グループでの発表に向けて、自分たちの実践を研究したり、論文にまとめたりしています。例えば、遠征学習を行うアウトワード・バウンド、ナショナル・ライターズ・プロジェクト、全米数学教師協議会、エッセンシャル・スクール連盟が開催する学会に参加しています。国家資格取得を目指す先生もいます。彼らは真剣に研究に取り組んでいます。先生も生徒たちと同じように、自分の研究を世に向けて発表するにあたって、大きなプレッシャーを感じ、一層の努力や配慮をもって準備に取り組んでいるのです。

毎月最初の土曜日に、私は早起きして車を走らせます。生徒の作品をじっくり観て、教えるとはどういうことかを話しあう先生たちのミーティングに参加するためです。プロジェクト・ゼロのスティーブ・サイデル氏が運営するこの会では、スティーブの提唱する共同評価批評プロトコルを使って生徒の作品を分析したり、先生たちが特にうまくいったと感じたプロジェクトや刺激的だったプロジェクトについて共有したりします。管理職を含む先生たちがこの集まりに出席する目的はただ一つ、「共に考える（reflect together）」ためです。出席するための経費が出るわけではありませんし、報酬がもらえたり、名前がどこかにクレジットされたりすることもありません。誰でもこのミーティングに参加可能で、参加者はみな対等に扱われます。ほとんどの参加者はボストン近郊の先生たちですが、これまでメイン州、ニューヨーク州、オハイオ州などのアメリカ各地、中にはイタリアや南米から来た教育者たちにも出会いました。他の先生たちと一緒に生徒の作品について話しあう機会を求めて、多くの参加者がこのミーティングに集まり、10年近く続いているのです。

アウトワード・バウンドやエッセンシャル・スクール連盟と協力して、私たちは先生のプレゼンテーションを核としたネットワーク・カンファレンスを立ち上げました。そこでは参加校の先生がワークショップを行い、プロジェクトや日々の授業における実践の試行錯誤と成功事例を共有します。多くの学校ネットワークでこのモデルが使われていますが、これには理由があります。私はこれまで、多くの時間をかけて先生たちが指導方法やカリキュラムの戦略を練り直すのを支援してきました。だからこそ言えるのですが、他者の批判的な目を前にして、先生が自らの実践の成果や試行錯誤について発表することは、より良い授業づくりの強力な動機付けとなるのです。

アメリカの公教育に対する「警鐘」の一つとしてよく目にするのは、アメリカの中高生の学力が他国の生徒と比較して劣っているというものです。とくに科学や数学における学力は、アジア圏の生徒と差があることが指摘されています。その対策として、既に飽和状態のカリキュラムに必須項目をさらに追加するという方針がとられてきました。しかし、それより大事なのは、生徒の学力が高い国ではどのような教育が行われているのかを分析することです。アメリカの教育研究者で、日本の教育に詳しいキャサリン・ルイス氏は、日本で効果的な教育が行われている学校は、私たちが持つ日本の学校のイメージとは大きく違っていると指摘しています。

日本の中学2年生の理科の教科書には、平均して8つの学習トピックしかありません。アメリカの同じ学年の理科の教科書には、平均して65もの学習トピックがあります。少ない項目をより深く学ぶことによって、「手を動かして探究する時間」を十分にとることができます。網羅すべき必須項目が少ないぶん、先生たちは教材の質や学習内容の伝え方など、より効果的な教授法の研究に時間をかけることができます。同僚と協働することや、お互いの授業を見学することも日常的に行われています。日本の教育現場では、成功の要因として生来の能力よりも努力することの方が重視されています。そのため、先生たちは同僚の授業を研究することで自分の実践をさらに良いものにしようとするのです。ルイス氏はある日本人の先生の言葉を紹介しています。「私たちの教科書は非常に薄く、説明も少ないため、教師はその行間を埋めるような授業をする必要があります。また、教科書や授業計画が優れていたとしても、自分自身のスキルを向上させない限り良い授業はできません。この信念のもと、私たちはみな授業を公開し、指導力の向上に努めています。自分一人で、好きなことを好きなようにやっていては、良い授業を行うことはできないでしょう」

ルイス氏は、アメリカでは教師がお互いに競争しあい、「ティーチャー・オブ・ザ・イヤー」のような個人を称える賞があることは、日本人にとって理解し難いだろうと指摘します。日本の先生たちは、自己研鑽には、批判的に自らを振り返ることと、他の先生との継続的な協働の両方が重要だと考えるからです。協力しあうことで初めて、自分のスキルを向上させることができると考えているのです。「教師に対する外部の評価（人事評価やチェックリスト評価など）はあまり重視されていません。その結果、（自己評価や協働のなかで）自分の弱点をさらけ出しても大丈夫だという気持ちが生まれているのは間違いないでしょう」

私は幸運にも、教える技術を学問的に追究する機会を得ることができました。ハーバード・プロジェクト・ゼロとのつながりによって、教育現場で奮闘する先生たちと教育研究者が共に学びあうという貴重な世界への鍵を手に入れました。私たちはハーバード大学に集まり、教育とその実践について議論しています。

ハーバード・プロジェクト・ゼロのコミュニティの先生たちは、お互いの教室を訪問し、参考になる本を教えあいます。そして、効果的な指導をするためにはどんな実践が役に立つのか、どうすればうまくいくのかについて、延々と語りあうのです。このグループには名前もなく、会長もいなければ序列もありません。グループの参加者リストさえないのです。参加するために必要なのは、自分の教え方について深く考えようという気持ちだけです。

私は幸運にも、遠征学習を企画・引率する事業をしていたアウトワード・バウンドが、同じ理念に基づいた公立学校の運営に乗り出した時、その計画に早い段階から参画することができました。遠征学習を通して勇気、思いやり、奉仕、チームワークを培うという理念を、教室での学びに落とし込むのは簡単なことではありません。10年間にわたって団体のスタッフやネットワーク校の先生たちと関わったことで、私自身も自分の教え方や価値観について常に分析し、問い直すことになりました。

この知見をもとに、私たちは非常に効果的な教員育成モデルを開発しました。アウトワード・バウンドの「未知の状況でチャレンジする」という理念に基づいた教師対象の夏の野外探検リトリートで、先生たちは1週間という短い期間で集中的に学び、リスクをおかして挑戦することを体験します。リトリートは「サミット」と呼ばれ、特定のテーマやトピックについて深く取り組みます。私は地質学、建築学、生理学といったテーマを担当しました。1週間のプログラムには、洞窟探検や山登り、建築設計、データ分析、文章の批評などのアクティビティがあり、参加した先生たちはチームとなってお互いを頼り、協力しあいながら取り組みます。このプログラムは、生徒たちが授業でやっている野外探究やテーマ研究のミニバージョンでもあるのです。

この3年間、カーネギー財団の研究プロジェクトに参加することができたのは光栄でした。夏休みにさまざまな先生と出会い、彼らとはそれからも一年中連絡を取りあって、自分たちの実践や指導法における新たなビジョンについて探究することができたのです。この本は、そうした機会やそこで得た支援の成果とも言えるものです。

私自身の指導の実践や学問的探究の中核にあるのは、自分が勤める学校での経験です。一緒に計画を立て、アドバイスや批評をし、お互いに挑戦しあい、支えあい、尊重しあう、そんなチームワークを奨励する学校の一員であることを幸せに思っています。アメリカの多くの先生たちとは違い、私は一人ぼっちで奮闘しなければならない状況に陥ることはありませんでした。

ある教室のストーリー――教えるためのインスピレーション

私は霧が立ち込める紅葉した森の中、昔木材の運搬に使われていたぬかるんだ坂道を、手に長いシャベルを持って重い足取りで進んでいます。日焼けして古ぼけたリュックには、バールやハンマー、庭用スコップ、くわが入っています。リュックの中でそれらの道具に押しつぶされそうになっているのがお弁当と水筒、そして生徒たちに分けてあげようと思っていたチョコレートチップクッキーの袋。私の隣には、バディという生徒が歩いています。彼は私を見て、「本当に荷物を持つのを手伝わなくていいんですか?」と再び聞いてきました。

バディは、がっしりとした筋肉質の大柄な小学6年生で、あごや肩や首が既に大人のようでした。苦労の多い人生を歩んできた彼は、あまり笑顔を見せない、精神的にも強い子どもでした。バディは何度も学校で問題を起こしており、ここ数年の間、先生たちも手を焼いていました。でもこの日は違いました。彼は水を得た魚のように生き生きとして興奮しており、私も一緒にワクワクしていました。彼は私の方を見て、特に理由もなく微笑みました。

前方で叫び声がしました。「ねえ、先生、見てみてよ！」私の前後に広がって列をなしていた生徒たちは、スコップや重たい道具を背負って疲れた様子でしたが、その声を聞いてにわかに活気づき、何があるのか見ようとして先を急ぎました。「水晶が見つかったの？」「僕たちを待っててよ！」と叫びながら。

旧鉱山からはまだかなり離れており、それは水晶ではなくただの灰色の岩の露頭でした。岩を見つけて興奮するような変わり者でもない限り、誰もが一瞥することもなく通り過ぎるような岩石です。実は、私はその変わり者でした。私のワクワクぶりが生徒たちにも伝染したようでした。

この岩は風化した花崗岩の板で、粒子が粗く、乳白色の石英の太い鉱脈が稲妻のようにザクザクと通っていました。私の生徒たちは、一つひとつの岩石を読み解いていきました。彼らはそれを、地球が書いたミステリー小説や地元の歴史の日記を読むことのように捉えていました。彼らは岩を発見した女の子たちの周りに集まり、「かっこいい！」と口々に言いました。私たちは、この岩がどうやって形成されたと思われるか、どれくらいの速さで冷えて固まったか、どのタイミングで石英が貫入したか、岩の一部に長石の帯があるのはなぜかについて話しあい、結晶の大きさや貫入のまわりを調べます。私たちは霧の中で一緒に岩の前に立っていて、生徒たちは手を伸ばして岩の粗く濡れた表面をなでていました。まるでそうすることが重要であるかのように。岩に森の魔法が詰まっているかのように。

鉱山に着く前に霧が晴れ始めました。あるいは、私たちが霧よりも上に登ったのかもしれません。濡れた葉っぱの間から木漏れ日がこぼれていました。生徒の興奮が高まり、歩く速度が上がります。もう100回は聞いたかと思われる「結晶は何個までとっていいですか？」という質問に、私は答えます。「持って帰れるだけとっていいよ」生徒たちは、木々の間を縫って口々に叫びます。「あ、見えたよ！」「わかるんだ、もうすぐだよ！」

岩だらけの細い道を下っていくと、目の前に突然、巨大な空き地が広がりました。旧鉱山です。割れた白い岩の山、砂地の穴、そして、そこここでキラキラと濡れたような緑色の蛍石の結晶が神秘的な輝きを放ちます。まるでオズの魔法使いの国に来てしまったかのようです。

生徒たちは歓声を上げました。一人の少年がシャベルを上に掲げて、コヨーテのように頭をそらし、「ゴーーーールド！」と叫びました。ここに金はありませんが、クラスメートたちは彼が何を言いたかったのかをよくわかっていました。彼らは丘一面に散らばって、リュックサックを地面に投げ捨て、道具を広げる前に膝をついて水晶を拾い、ポケットに詰め込みました。でもバディは落ち着いていて、私の顔を見ると自分の肩から荷物を下ろして、頭を振ってにっこり笑いました。

私は旧鉱山の真ん中で道具を置き、生徒たちを呼び集め、みんなの前で岩石の採集のやり方を実践してみせました。私は彼らに研磨された水晶を見せ、世界で最も素晴らしい色と言われた蛍石の結晶は、まさにこの場所で採集されたものだということを改めて伝えました。その蛍石は、現在スミソニアン博物館に保管されています。私は生徒たちに注意しました。「ガラクタでポケットを埋め尽くさないで、厳選してください。ここにはみんなが採集するのに十分な量があります。周囲の人に親切に、寛大になってください」生徒たちは真剣に頷いて、採集に繰り出しました。

蛍石の結晶は立方晶系と呼ばれる形をしており、そのサイズはゲームに使うサイコロほど小さなものもあれば、クラシックカーのバックミラーに吊るされたファジーダイス〔1950年代のアメリカで流行したサイコロ型のお守り〕ほど大きいものもあります。たいていの結晶は、交差するへき開線に沿って割れて、三角形の結晶になるか、うまくいけば映画で出てくる宝石のようなダイヤ形になります。土の中から拾い上げて太陽にかざすと、上から下までキラッと光ります。蛍石の色は、濃い紫、ラベンダー、青、ピンク、クリーム、黄、白、緑などさまざまです。この旧鉱山ではカリブ海の湾のような緑青の蛍石が見つかりますが、これはニューハンプシャーのこの地域だけで見られる独特な色です。蛍石は柔らかい鉱物で、簡単に割れるので、普通は宝石に加工されることはありません。今日の採集の目的は、ネックレスにすることではなく、生徒たちが家や学校に飾ったり、岩石鉱物店で販売したりするためでした。

ほとんどの生徒が自分の陣地を決めて掘りはじめ、砂の大地から結晶を探しました。水晶を発見した生徒たちは歓声を上げ、他の子どもたちは何度も何度も駆け寄っては、見つかった水晶のサイズや量を確かめました。彼らは水を飲んだり軽食を取ったりするために休憩することもなく、取り憑かれたように何時間も掘り続けています。ゴールドラッシュはこんな感じだったのでしょうか。生徒たちは蛍石だけでなく、透明な水晶のクラスターや黄色いシトリンのクラスターもたくさん見つけていました。時には一つの標本の中に水晶と蛍石が交ざっていることもあります。蛍石の母岩である白い流紋岩には、しばしばシダのようにも見える黒い樹枝状の美しい模様がありました。生徒たちが採集したものを見せてくれるにつれ、今日がとても幸運に恵まれた日であると悟りました。こんなにいい標本は他で見たことがありません。

バディは一人で作業をしていました。彼は巨大な穴を、几帳面に黙々と力強く掘っていました。彼が採集したものには目を見張りました。私はその穴の脇に腰を下ろして、積み上げられた標本を見てみました。彼は大きなクラスターを、水晶と蛍石のどちらでも見つけていました。また、へき開面がイチゴの大きさほどで、透明度が高い蛍石もありました。採集が終わって帰路につく頃には、バディは全部で15キロほどの石をリュックに詰めていました。クラスの生徒たちのほとんどは、彼のリュックを持ち上げられませんでした。バディは、良い標本を見つけられなかったクラスメートに、自分が採集した標本を譲っていました。素晴らしい標本を自分の手元に残しつつも、同じくらい素晴らしい標本を他の生徒に分けてあげたのです。クラスメートたちは彼を見上げ、感謝しました。

バディと私は日なたの岩の上で一緒に昼食をとり、水晶を見ながら話しあいました。彼が特に気に入った結晶を光に照らし、私たちは一緒にそれが輝く様子を鑑賞しました。

バディは手のかかる生徒でしたが、こういった学習は大好きだったことが幸いしました。これは私の得意分野でもあったからです。

学校の初日に、私は生徒たちと4つのロック・タンブラー（研磨機）を半貴石の原石でいっぱいにしました。そのタンブラーは学校のボイラー室で昼夜を問わず、ずっと稼働していました。週に1度、タンブラーに入れていた石を外に出し、より滑らかな石にする砥粒に交換するプロセスを1カ月間繰り返しました。そのたびにプラスチック製の容器を取り囲んだ子どもたちは、石の変化に歓声をあげていました。私も生徒たちも、それぞれお気に入りの石があり、間近でその変化を見ようとしました。2日目の授業では洞窟探検に出かけ、懐中電灯を片手に地下の岩の通路をくぐり抜けました。バディはこれらの授業を、これ以上ないくらいに楽しんでいました。その後も毎日、生徒たちは家の周りや外出先で見つけた石を持ち寄り、どんな石なのか特定し、その石にまつわる物語を読み解こうとしました。硬度計、シャーレ、サンプル標本、フィールドガイドなどを使って一緒に謎に挑みました。

教室は地質学博物館のようでした。木製の棚や仕切りには黒いビロードの布が敷かれ、そこに化石、金属鉱石、世界中の岩石、そしてさまざまな大きさや色の水晶が所狭しと置かれています。私が長い時間をかけて集めてきた岩石コレクションや、生徒たちの標本に囲まれた空間で、私たちは作業を行っていました。その空間は、私たちが行うすべてのことに重要性と意味を与えてくれました。バディは毎朝教室に入るやいなや、標本の棚に直行して石を手に取り、観察し、見惚れていました。私も同じでした。

教室の一角はジュエリー・センターになっていました。生徒たちは、クラスで一緒に磨いた石や、採集あるいは卸売店で買った水晶を使って、自分でデザインをしたネックレス、指輪、キーホルダー、ブレスレット、ピアスなどをつくりました。彼らは授業が始まる前も、授業中も、放課後も、ジュエリー・センターで作業をしていました。週末に学校で私のトラックを見かけると、生徒たちは教室の窓をたたいて、「作業がしたいので入れてください」と頼んできました。私も生徒たちと一緒になって、家族へのプレゼントやクラスのジュエリー・ショップのために作品をつくりました。

洞窟での学習は、マーク・トウェインの本を読む最高の機会でした。クラス全員が『トム・ソーヤーの冒険』の虜になりました。『ハックルベリー・フィンの冒険』を読んだグループもありました。私たちは、『トム・ソーヤーの冒険』の洞窟のエピソードのところを何度も読み返し、説明を書き込んだオリジナルの洞窟の地図を作成しました。できるだけ質の高いものをつくるために、専門家が作成した洞窟の地図も研究しました。プロの写真家でもある国際的に活躍する洞窟探検家を学校に呼んで、スライドとともに洞窟の地図のつくり方について教えてもらいました。

私たちは『トム・ソーヤーの冒険』をさらに深く読みこみ、まだ夜明け前の暗いうちにクラス全員で旧市街の墓地まで歩いて行き、役者やナレーター役を変えて殺人のシーンを何度も演じてみました。バディは決して読書が好きではありませんでしたが、マーク・トウェインが好きな私の気持ちを理解してくれました。ハックルベリー・フィンというキャラクターはバディのために書かれたのではないかと感じるほど、彼にぴったりでした。バディとのライティング・カンファレンス〔先生が生徒を一人ひとり作文指導する授業〕で、私たちは文章の読解やエッセイやプロジェクトについて話し、彼は積極的に学習に取り組む意思を示してくれました。彼にとっては難しい課題でしたが、それは同時にとてもワクワクするものでもあったのです。

洞窟での体験や洞窟探検家との協働、そして『トム・ソーヤーの冒険』を読んで、生徒たちはそれぞれ洞窟を舞台にしたオリジナルの短編小説をつくりました。バディが書いた洞窟小説は、他の作品に比べて短く、洗練されていませんでした。しかし書くことは彼にとって大変な努力を要する作業だったのです。私はバディと一緒に作品に取り組むうちに、またインスピレーションが湧いてきました。一緒に地下に潜った時の、濡れた岩の感触や匂い、地球の内側にいるような不思議な感覚や恐怖、混乱、暗闇、そして快感を思い出しました。

ライティング・カンファレンスでは、私はバディにこうした感覚的な記憶に何度も立ち戻ることで、生き生きと訴えかけてくる文章になると伝えました。クラスで小説のグループ批評をした時、バディは他の生徒のアイディアのパワーと巧みさに私がワクワクしているのを見ていました。そしてバディ自身も同じような興奮を味わっていたのです。自分の力で、オリジナルの洞窟ミステリーを創作できるなんて、なんという機会でしょう！　生徒たちの作品の中には、目を見張るような筋書きがいくつもありました。バディの小説は短く、少しグロテスクなところもありましたが、迫力があり、読者を惹きつけるものでした。最終稿を書き上げた彼は誇らしげで、私も同じ気持ちでした。

私たちはお互いの小説を黙読したあと、声に出して読みました。また、作品をコピーして洞窟探検家に送りました。幼稚園児の仲間に作品のあらすじを話したり、作品の一部を読みきかせたりしました。洞窟の研究の発表会では、地域の人たちに向けて小説を展示しました。いくつかの作品は、今でも力強いモデルとして私のライブラリーにあります。

同僚でいつも刺激を与えてくれるパティ・クライン先生は「先生がワクワクしていれば、生徒たちもワクワクする」と、真理をシンプルな言葉で表現してくれました。

もし、インスピレーションと情熱が良い指導に不可欠なのだとすれば（私はそう信じています）、私たちはどうすればいいのでしょうか？　教えることに対する情熱がほとんど感じられない先生もたくさんいます。多くの先生は、あまり深く考えることなく、半ば自動的に動いているように見えます。こうした先生の授業中、生徒たちは時計を眺めています。私が学生だった時にも、情熱が感じられない先生が何人もいました。ほとんどの人が同じではないでしょうか。

考えてみてください。彼らは最初からこうだったわけではないでしょう。私が関わったことのある新米の先生たちは、やる気に満ち溢れており、生徒たちが達成したことを喜び、自分たちの将来のキャリアに大きな夢を持っています。しかし、そのうち何かが変わってしまいます。教師として長く勤めれば勤めるほど、その精神が失われていくのはなぜでしょう。

その答えにたどり着くのは難しいことではありません。この仕事の労働条件は過酷なものなのです。「なぜあなたは25年も教えてきて、燃え尽き症候群になっていないのですか」と聞かれますが、それは私の職場が典型的な学校の環境ではなかったからです。

私は学校から信頼されています。午前10時35分に、誰かが突然教室にやってきて、厳格なカリキュラムに沿った授業が行われているかどうかを確認するようなことはありません。フィールドワークや専門家を招いたプレゼンテーションの授業など、意欲的なプロジェクトを計画する時にも、学習項目のために指定された以上の時間をかけることを、学校管理職や同僚から批判される心配はありません。生徒たちの振る舞い、性格、作品、テストの成績が良好であれば、私たち先生は時間の使い方や何を教えるかについて適切な判断ができると信頼され、新しいことに挑戦するのを期待されます。

私は、同じ教材を使って毎年同じように教えることはしないし、面白みのない教科書を使うこともありません。常に新鮮な気持ちで楽しみながら学び続け、カリキュラムを継続的にデザインし直しています。私の学校におけるカリキュラムの変更は、気まぐれでも恣意的でもありません。もちろん、州や教育区や学校が指定する必須項目、学年ごとにおさえなければならない概念や内容があります。例えば、私の教える学年は世界の地理やビジネスレターの正しい書き方を学ぶ必要がありますが、それは毎年異なるプロジェクトや学習にそれぞれにあった形で組みこめばいいのです。私は同じテーマを学習する時も（過去25年で、地質学のテーマは5回取り上げています）、常に新しいプロジェクトを行って、生徒にも自分自身にも挑戦を課しています。

私には柔軟にカリキュラムをデザインする権限が与えられています。ビジョンを実現できるように、教室の机や椅子を配置したり装飾したりすることができます。私が授業をする生徒の顔ぶれは一日中ほぼ変わらないので、その時行っているプロジェクトに合わせて作業時間を短くしたり長くしたりできます。クラスには生徒数に応じた予算があり、本、地図、実験器具、画材、文房具など、私が必要だと考えるものに使えます。カリキュラムは手づくりの活動を多く含むので、コピー機をはじめ、ラミネート加工や製本などの設備も充実しています。プロジェクトで校外活動をする際にも、その回数や内容に制限はありません。

私は仲間たちから多くのサポートを得て仕事をしています。私には協働し、助けあい、批評しあう教育者のコミュニティがあるのです。全員の意見がいつも一致するわけではありませんが、自分たちでカリキュラムを手づくりし、生徒が自分で作品をつくることを大切にするというビジョンを共有しています。他のクラス担任や特別支援の先生とチームを組み、彼らと一緒に計画を立て、サポートしあう時間が確保されています。また私の学校では、展示会をはじめ、全校集会での発表、教室での展示、ポートフォリオ、他クラスとの連携といった枠組みを通して、生徒たちの独創性やチームワークや革新的な研究を引き出しています。

私は学校内外で、教育の専門家として成長する機会に恵まれています。例えば、野外探究学校アウトワード・バウンド、ハーバード・プロジェクト・ゼロ、エッセンシャル・スクール連盟、カーネギー財団などの教育ネットワークやパートナー団体と一緒に仕事をしています。彼らとの協働を通して、私は自分自身の実践を検証し、さまざまなところからアイディアを丹念に拾い集め、他の教育者や学校からの刺激にワクワクすることができるのです。一方でほとんどの先生は、自分の職場以外と関わる機会がないため、他の学校の世界とのつながりを失ってしまいがちです。

多くの教育区では、先生にこれほどまでの裁量を認めていません。多くの先生が、生徒を信用して家を建てるプロジェクトを任せたり、校外実習で繊細な科学器具を扱わせようとしたりしないのと同じです。しかし、私の生徒たちはいつも与えられた課題に責任を持って取り組み、先生たちの信頼を確実に得てきました。学校側は、先生たちを信頼してより大きな裁量を与え、もっと支援することを検討してもいいのではないでしょうか。

その実現のためには、学校管理者が勇気を持って変革を推し進めることが必要です。校長先生や教師は四面楚歌の状態にあり、テストの点数のみで評価されるプレッシャーにさらされています。このような時代に、学校側は革新的なやり方に挑戦する先生たちを支援することをあまり好みません。しかし、これを推し進めることは別に革新的なことではなく、むしろ最低限必要とされることだと捉えるべきなのです。

教えるインスピレーションは、双方向に作用します。優秀な先生は生徒に刺激を与え、また生徒からも刺激を受けるのです。私の学校の先生たちは、いつも廊下で私にこう話しかけてきます。「ちょっといいですか？　とても素晴らしい作品があって、お見せしたいのですが」そして私を掲示板のところや教室に連れて行き、そこに展示してある生徒たちの作品の数々やある子どもによる素晴らしい作品を見せようとするのです。生徒の作品や彼らがやり遂げたこと、あるいは彼らの勇気や思いやりに触れる時、教師という職業が意義深くやりがいのある仕事だと感じることができます。生徒たちの優しさや努力に感動しない日はほとんどありません。

生徒がどれだけ私に感動を与えてくれるかは、私がどれだけ彼らに機会を与えられるかに直結しています。生徒たちに責任を与えれば与えるほど、また彼らが創造性や独創性を発揮できる選択肢を増やせば増やすほど、彼らの作品に驚かされ、感動させられることが増えます。生徒たちの力強く独創的な文章、優れた数学的発想、プロジェクトのアイディア、美しい作品、非常にレベルの高いディスカッションでの洞察が、私にインスピレーションを与えてくれます。休み時間を返上して幼稚園の体育の授業を手伝ったり、ボランティアで校庭の清掃をしたり、障害がある子どもが一人ぼっちにならないように積極的にパートナーになったりする生徒に、私は感動を覚えるのです。

私の学校では、先生たちが積極的に生徒たちを信頼して責任を負わせることを奨励していますが、これは他の学校ではあまりないことです。私たちが行うプロジェクトはすべて、最終的には生徒たちによってその内容や調査の方向性が決まっていくのです。私はプロジェクトの詳細を決めずに始められるタイプの教師ではないので、事前に調査や課題などをすべて綿密に計画します。しかし、もし生徒が交渉して私を納得させることができるなら、事前のプランを手放す心づもりでいます。生徒たちは、「その日のスケジュールを変えてほしい」といった具体的な提案をすることもあります。1カ月ほど前、生徒たちは「家の設計図に取り組むために邪魔の入らない時間が必要だから、その日のスケジュールを一部変更してほしい」と懇願してきました。私はそれに対して、静かに作業をすること、終わらなかった部分は宿題にすることの二つを条件に同意しました。生徒たちは説得に成功したことを喜び、2時間半ぶっ続けで作業に集中していました。生徒に説得されても、私が交渉に負けたという気持ちになることはありません。また、どのようなプロジェクトや校外活動を行うべきかという大きなテーマについて、生徒たちから提案されることもあります。多くの学校では、生徒たちが先生に対して要望を伝え、どの程度のことを任せてもらえるかについて先生と交渉する機会はほとんど与えられていないでしょう。

生徒たちが責任を持ってプロジェクトを進めた良い例が、前述のジュエリー・ショップです。生徒たちはジュエリー・ショップを自分たちでデザインし、責任を持って運営することを任されました。

私は、このジュエリー・ショップの計画に多くの時間を費やしました。半貴石の原石と砥粒、石につけるチェーン、リング、ブレスレット、キーホルダー、イヤリング、ベルキャップ、ジャンプリングなどの材料を大量に注文しました。私はまだ何も売り物がなくオープンもしていないお店のために、800ドル以上の材料を自腹で購入したのです。そして、生徒たちに言いました。「これは君たちのお店です。みんなで意思決定をして、帳簿をつけ、商品をデザインし、値段をつけ、お店のルールも決めてください。現在のところ、私に860ドルの借金があって、お店は赤字の状態です。もし利益が出たら、それはニューヨークを訪れる旅費とチャリティへの寄付に充てられます。みんなが賢い選択をしてくれると信じています」私自身は、利益を出して投資を回収することについてはあまり心配していませんでした。このお店は市場において優位な状況にあったからです。クリスマスの数週間前に、町で唯一の店舗としてオープンする予定でした。

私は生徒たちにジュエリーのつくり方を教え、ジュエリー・センターを教室につくりました。ジュエリーの専門家を招き、プロの技を伝授してもらいました。生徒たちは、一度に作業できる人数、作業シフトの組み方、一人がつくれる商品の数、石の保管方法、品質管理などについて話しあい、ジュエリー・センターの方針を決めました。材料の在庫が少なくなってくると、私はカタログを生徒に渡し、何をどれだけ注文するかを決めてもらいました。生徒たちが自制できず、必要以上に購入しようとするのではないかと思うかもしれません。しかし、彼らはむやみに注文することで、私にずっと借金をしたままになることをとても恐れていたので、注意深く賢明な選択をしました。新しい商品デザインのアイディアを思いつくと、生徒たちはそのための材料を買って制作に取り組み、帳簿に詳細な記録を残しました。

お店のグランドオープンの日が近づくと、銀や金や黒の紐に、磨かれた水晶や石、あるいはそれらとビーズを組み合わせたものが通された何百という数のネックレスが完成しました。イヤリング、ピアス、指輪、ブレスレット、キーホルダーなどのアクセサリーのほか、生徒が旅行で集めたり、卸売店で購入したりしたさまざまな種類の岩石、鉱物、水晶もありました。これらの商品にそれぞれ値段をつける必要がありました。生徒たちは、およその材料費から、各商品の単価を算出しました（私と生徒たちの人件費は含めないことにしました）。そして利益を最大にするため、材料費にどの程度の上乗せをする必要があるかを議論しました。ある生徒は、材料費1・90ドルのネックレスを10ドルにして販売しようと言いました。「純利益は8・10ドルだ！」と彼らは叫びました。また、2・50ドルで売るべきだという意見もありました。「その値段にすれば、もっと売れやすくなると思う」「たくさん売れれば、もっと儲かるよ」この議論は何日も続き、保護者からも意見を募りました。生徒たちは決断することを恐れ、私に決めてもらえないかと依頼してきました。私はそれを断り、これは私のお店ではないのだから、と生徒たちに伝えました。

最終的にお互いが妥協しあい、すべての商品の価格が決まったのですが、その後に不思議なことが起こりました。ある生徒が、長い議論の末にやっと決まった価格に対して反対意見を述べたのです。「この値段はこの町の人たちには高すぎると思います」と彼女は言いました。「この町の人たちにとって、これは適正な価格ではないと思うんです」そして、再び議論が始まりました。この町にとって、適正な価格とは何か？　この店をやる理由は、営利目的でもある一方で、お店がない地域社会への貢献でもあるのではないか？お金のない家庭に配慮するべきではないか？　親からお金を持たせてもらえない幼稚園児の場合はどうか？

生徒たちは値段を下げることに決めました。また、貧しい家庭には割引をすることにして、該当する家庭のリストの作成に取り掛かりました。彼らは校長先生のところへ行き、給食費が免除されている家庭のリストをもらえないかと依頼しました。しかし、校長先生に断られたと言って、生徒たちは悲しげな顔で教室に戻ってきました。ある生徒が、「大丈夫だよ。この町の貧しい家庭について僕たちはわかっているから、自分たちでリストをつくればいいじゃないか」と言いました。しかし、実際にリストを作成し始めると、生徒たちはこの問題がいかにデリケートなものかに気がつきました。リストはすぐに破り捨てられ、計画は中止になりました。

紆余曲折を経てついに決まった価格設定は、他のお店では見たことがないものになりました。店員を務める生徒は、お店に来た生徒が十分なお金を持っていないと感じたら、どんな割引をしてもいい、というルールになったのです。この割引は注意深く行われることになっていました。その生徒に、「特別な割引をするから休み時間に戻ってきて」と、こっそり伝えるのです。こうすることで、生徒は恥ずかしい思いをすることなく、割引された値段で買うことができました。また、生徒たちは、小さな子どもたちも何かしらの商品を買えるように、1セントで買える商品のテーブルを設けるべきだと主張しました。幼稚園児がお金を持っていなかったら、店員がこっそりと小銭を渡すことにしました。

店の名前を決める時には、「クリスタル・コーナー」「ミネラル＆ジェムショップ」など、たくさんのアイディアが出ました。黒板にすべての候補を書いて、生徒たちと一緒に私も投票しました。投票の結果が出た時、私は愕然として「そんなひどい名前はありえない」と言いました。彼らは、ただ首を横に振って言いました。「忘れていませんか？　先生のお店ではないんですよ」

ジュエリー・ショップ「ロックザラス」は、冬休みの2週間前の朝に開店しました。

初日の売上は約1200ドルで、既に経費を回収し、利益を生んでいました。生徒たちは信じられないといった様子でした。何度も何度もお金を数え、お札を手に持って踊り、仲間と一緒に帳簿を確認しました。もちろん、それは現実に起こっていることでした。お店がない町に住むことにも利点があったのです。

1週間もすると、1セントで売られていた商品も含めてすべて売り切れました。私たちは誇らしい気持ちでいっぱいでしたが、同時にとても疲れ果てていました。でも、生徒たちはこのままでは終われないと言います。通販を始めようと誰かが言いました。「パンフレットをつくって、広告を出し、新たに材料を注文し、またジュエリーづくりをやりたい！」しかし、私は「それは無理です」と言いました。他にもやるべきことがたくさんあったからです。とても残念でしたが、冬休みが終わったら次のことに進まなければなりませんでした。

ジュエリー・センターは完全に閉鎖せず、修理に対応するために一年中オープンしていました。生徒たちは、作品を全面的に保証するという方針を決めていました。「どんな理由であれ、もしどこかが壊れたら修理か交換で対応します」小学1年生の男の子たちが、休み時間に元気よく遊んでいる時に壊してしまったネックレスを持ってきた時も、生徒たちは丁寧に修理の依頼書の書き方を案内していました。

保証の方針は、一般的な企業が提供するものをはるかに超えていましたが、生徒たちはこれを誇りに思っていました。「これがあるべき姿です。私たちがつくるものの質は保証されるべきなのです」

おわりに　エクセレンスの測り方

ある暖かな10月の金曜日の夕方、私はまた学会に出席するため、アトランタ空港の銀色のターンテーブルの前に立っていました。私の住むニューイングランド地方の今朝の気温はマイナス6度ほどで、学校に通勤した時は私のトラックには霜が降りていましたが、ここは20度を超えていて夢の中にいるかのようでした。発表のためのスライドやビデオテープは機内持ち込みのショルダーバッグの中にしっかり収まっており、生徒の作品が詰まった黒いポートフォリオは、ターンテーブルに乗って私の方へ向かっていました。今晩は慌てなくて大丈夫です。生徒の作品を大量に持ってきていたからです。9月11日の悲劇〔2001年のアメリカ同時多発テロ〕から2カ月も経っておらず、空港は緊張感に包まれ、軍人があちこちにいました。私は若い兵士に会釈しながらシャトルバンの方に向かって歩いて行きました。軍隊に勤務しているかつての教え子たちのことに思いを馳せました。中には、定期的にメールや手紙をくれる卒業生もいました。

金曜日の夜には、ホテルで資金提供者や発表者のための豪華な歓迎会がありました。ホテルの部屋で良い服に着替え、少し遅れて会場に行きました。知っている人は全くいませんでしたが、数人が気さくな笑顔で自己紹介してくれました。私が公立学校のクラス担任であることを知ると、目を細めて感心したようにうなずき、私の肩に手を置いて、「あなたが実際の仕事（real work）をしているのですね。とても大切なお仕事です」と言いました。そして素早く手を離し、著名な誰かに会うためにそそくさと去って行きました。

あたりを見回すと、部屋の隅のテーブルにプレゼンテーションボードが並べられ、生徒たちの作品が展示されていることに気が付きました。数人の生徒たちがその横に立って質問されるのを待っています。これを誰が企画したのかはわかりませんでしたが、素晴らしいアイディアだと思いました。私は中学生の展示の方に行ってみました。若々しく今風の服装をしたアフリカ系アメリカ人の中学生がみんな、真剣な表情をしています。男子は真新しいバスケットボールシューズにジャージまたはぶかぶかの黒い硬そうなジーンズを着ています。女子はタイトなパンツを穿き、髪はきっちりと編み込まれていました。私は展示をゆっくりと鑑賞し、それぞれのテーブルで生徒に作品について質問をしました。彼らは真剣な眼差しで誇りを持って説明してくれ、その姿に魅了されました。彼らの目や表情に表れる純粋な輝きを見て、私は先生であることを誇りに感じていました。最初は彼らも緊張していて、笑顔が見られませんでしたが、プロジェクトについては落ち着いた様子で話してくれました。作品の中にあったモノクロの写真について、生徒たちはアトランタの老人ホームで高齢者にインタビューした時に撮影し、自分たちで現像と印刷をした、と説明しました。生徒が書いた高齢者の伝記を見せてもらい、インタビュー時のエピソードについても聞くことができました。彼らは、話しながら嬉しそうに微笑んでいました。ホテルの部屋に帰る時、私は既に「この学会に来てよかった」と感じました。

土曜日の朝、基調講演の準備をしている時に問題が起こりました。私がパワーポイントではなく、スライドプロジェクターを使いたいと申し出ると、会場の技術スタッフは笑いました。見た目が16歳くらいの若いスタッフらは、「スライドプロジェクターを使っている人なんて見たことがないし、私たちも機材を持っていないよ」と言いました。幸いなことに、ホテルにはまだ古いスライドプロジェクターがあり、それを使うことができました。今日の講演では楽しみにしていた新しい研究についての発表もあり、満足のいく出来でした。

講演の後、午前中の分科会で何人かの教育関係者とディスカッションをする機会がありました。アメリカ各地から管理職を含む先生たちが参加し、人種や年齢層はさまざまでした。最初、参加者たちはみんな懐疑的でした。彼らは私のアイディアを熱心に支持していたものの、「自分の置かれた状況でどのくらいうまくいくのだろうか？」という疑問を共通して抱いていました。

私はいつものように、「みなさんが抱えている問題をすぐに解決する設計図はありません」と伝えることからディスカッションを始めました。「私たちが共有すべきなのは、倫理観であり、アプローチの方法であり、考え方なのです。まず、それぞれの教育区や学校、そして教室の文化について振り返ってみてください。それらの文化の中で、質の高さを感じるところはどこでしょうか？　質の高さに貢献しているものは何でしょうか？　また、他の部分で質の高さを実現できない原因は何でしょうか？」

ほぼ全員が、学校における能力《キャパシティ》不足を指摘しました。学校管理職は、ほとんどの教師が十分なトレーニングを受けていないため、質の高い教育を行うことには限界があると感じています。また、多くの教師は生徒について同じように感じています。話しあうなかで私たちが導き出した結論は、個々の能力を固定的な資源と捉えることをやめて、それらの能力を育てる必要性に目を向けるべきだというものでした。この倫理観は、教師や生徒に対してより多くのことを期待します。より大きな任務と説明責任を負わせ、なおかつ彼らが達成することを期待し、そのための支援をするのです。

学校管理職は、教職員たちが、そして先生一人ひとりが学校の意思決定のプロセスに深く関与できるようにするべきです。それには、学校の教育方針、組織のあり方、財政、雇用に関する意思決定を含みます。また、カリキュラムや指導方法や時間割を管理する権限を教師に与え、そうした教室運営におけるプロフェッショナルとして教師を信頼するべきです。そのためには、教師が個人およびチームで授業計画する時間を勤務時間に組み込み、チームワークや知見の共有を支援する仕組みをつくることが必要です。また、生徒が質の高い作品をつくることを支援し、それを評価するしくみを学校全体で築く必要があります。例えば、ポートフォリオや展示会やプレゼンテーションを通した評価方法を取り入れる、地域と連携する、助成金の申請を可能にする、学校の廊下を美術館のギャラリーのように作品を展示できる場にするといった取り組みが挙げられます。物理的な環境を整え、すべての生徒の身体的・心理的な安全性を確保することで、あらゆる側面においていてエクセレンスの倫理観を示すことが必要なのです。

学校管理職は教師に対して、より深くて広いコミットメントと説明責任を期待できるようになります。ここで言う説明責任とは、細かなところについて管理すること（例えば、校長が教室に入ってきた時に、あらかじめ計画していた通り、教科書の特定のページについて教えている）ではなく、理想的な結果を導くことだと理解するべきです。結果とはテストの点数だけではありません。教室を覗けば、生徒たちが礼儀正しく振る舞い、熱心に授業を受けており、自分の学びについて的確な言葉で表現しているということです。理想的な教室とは、生徒の美しい作品（市販のワークシートではなく、生徒のオリジナルな創作物）が魅力的に展示され、優れた文学作品や各分野の本がたくさん置かれている場所です。そして、生徒が目指すべき姿は、自分の作品（初期の草稿や最終成果物）、自分の長所やニーズ、これからの目標などを、深い思考に基づいて自分の言葉で説明できることです。教室は、生徒の心理的な安全性が十分に確保された環境でなければなりません。

教師は生徒に対して、複数の視点を並行して持つ必要があります。より大きな信頼、より多くの任務、より広くて深い説明責任など、さまざまな期待をあらゆる場面で求めるということです。

それから私たちは、私が見せた作品のプロジェクトで使用した戦略やツールについて話しあいました。分科会に参加した先生の多くは、既にこれらの戦略のいくつかをうまく使っていて、その経験を共有してくれました。しかし、そういった戦略を使うことに怖気づいている先生もいました。彼らは教科書やワークブックを使って指導をしており、オリジナルの課題を出したことはほとんどありません。生徒が何度も草案をつくったり、批評しあったり、大勢の前で発表したりする授業をやったことがないのです。

そこで、熟慮されたオリジナルの課題やプロジェクト、真正な研究、批判的思考や発見を促す課題がどれほど効果的なのかについて話しあいました。生徒と教師は、作品や授業を外部に公開する機会を持つことで、「質を高めなければならない」という強力でポジティブなプレッシャーを受けます。また、生徒たちがエクセレンスを追求するビジョンを描けるようになるためには、パワフルで多様な作品をモデルとして見せて理想的な基準を示すことや、モデルとなる作品のライブラリーを構築することが必要です。ルーブリックを作成して、課題の要件や評価の基準を明確にすることも重要です。そして、私たちは量より質を重視する考え方についても議論しました。それは、最終成果物の数が少なくなるとしても一つひとつの作品をより良く仕上げることを重んじ、批評を大切にする学校文化のなかで何度も草案を練り直すことなのです。

やるべきことはたくさんあります。何から手をつければいいのか、多くの人が知りたがります。もちろん、この質問に対する明確な答えはありません。学校はそれぞれ違うからです。取っ掛かりとなる入り口はたくさんあるでしょう。学校やクラスごとに、最初に取り組むべきことを絞る必要があります。小さなことから始めてください。学校文化のある側面を改善することに焦点を当てて、まずそれを成功させる方が、多くのことにいっぺんに手をつけて中途半端になってしまうよりもいいのです。小さな成功を足がかりにして積み上げていきましょう。学校管理職がアイディアを押しつけたり、命令したりするのではなく、多くの教職員が納得し、自ら進んで取り組みたいと思うことを見つけましょう。

ディスカッションの最後では、自分の学校や地区であまりにも大掛かりな取り組みを計画して失敗した話や、外部から変化を強制されたことによって学校全体が悲惨な目にあったという体験談が語られました。多くの人が似たような体験をしており、彼らは普段の職場から離れた場ということもあって、みんなと笑い飛ばすことができたのでしょう。分科会は明るい雰囲気で終わりました。

お昼には、学会を主催する組織の次なるステップについて話しあうワーキングランチに招待されました。昨夜の歓迎会で顔を合わせた人たちが多く参加しており、彼らはみんな、私の話に昨日よりも興味を持ってくれているようでした。彼らは午前中の基調講演で紹介した生徒の作品を口々に称賛してくれましたが、その後にある男性が「難しい質問なのですが」と切り出しました。

「今朝、あなたが話してくださったことはすべて素晴らしかったです。しかし、それを素早く、しかも大規模にスケールアップできない限り、基本的には意味がありません。どのように規模を拡大する計画ですか？　このようなことができる教師をどこで見つけたらいいのでしょうか？　この教育システムのために、どのようなトレーニングを行うのでしょうか？　どれだけの教育区で、どのくらい短期間で実施できますか？」

「これらはすべて、結果やデータに基づいて行われる必要があります」と、別の男性も声を上げました。「あなたのお仕事は素晴らしいと思います。しかし、例えば、学校を改革する前と後の生徒たちの成績のデータ、改革に取り組んでいる学校の情報やそれらの学校が定めている具体的な改善目標やスケジュール、そして目標を達成できなかった場合の結果について知ることが必要です」

質問をした男性たちのほとんどはビジネスマンでした。教育組織のメンバーも、多くはビジネス界の出身です。私は彼らの視点を理解し、尊重していますし、彼らの焦りは学校、特に都市部の学校を改善したいという純粋な思いからきていると信じています。しかし、まず私が人生をかけてやろうとしていることはビジネスではありませんし、ビジネス戦略が常に最良のモデルであるとは限りません。私の娘はケータリングビジネスを始め、素晴らしい販売実績を出しています。とてもうまくいっており、親としてとても誇りに思っています。彼女は仕入れた食材の質がよくない時には返品することができます。私は、困難な家庭環境にある生徒やスキルが不十分な生徒を受け持った時、彼らを「送り返す」ことはできませんし、したいとも思いません。もし、娘のケータリングビジネスが競合のビジネスを廃業に追い込むことがあれば、私は彼女の成功を喜ぶでしょう。しかし、私は他の学校をライバルだと思っていませんし、どの学校の生徒たちにもベストな学習環境が与えられるべきだと考えています。どの学校にも失敗してほしくないのです。

教育がスケールアップという観点でしか議論されないのであれば、私の仕事の意味は薄っぺらく、空虚なものと映るでしょう。システムのスケールアップはすぐに可能かもしれませんが、長い時間をかけて一つひとつ慎重に築き上げていく倫理観においては、簡単に実現できるものではありません。

「スケールアップすることは、私の目指すところではないのです」と、ワーキングランチで私は強調しました。スケールアップとは、アメリカの高速道路に立ち並ぶファストフード店のように、うまくいっているものを標準化して、そのコピーを何千とつくることです。利益を出すことが目的なのであれば、この方法でもいいでしょう。しかし、私はお金を儲けたいのではなく、アイディアを広めたいのです。アイディアは、規模を拡大したり、標準化したりすることなく拡散させることができます。私が子どもの頃、レストランでの食事にアメリカ文化の多様性を感じることはありませんでした。ホットドッグやハンバーガーはアメリカのどこにでもあった一方で、タコスやベーグルや寿司は聞いたことがないというのが普通だったのです。でも今や、これらの食べ物はどこにでもあります。しかし、これらの食べ物を出すレストランが規模を拡大したのではなく、日常の食事に、これらの食べ物も取り入れようというアイディアがあちこちに広がっていったのです。私のアイディアも、これと同じように広がってほしいと望んでいます。既存の学校文化の中に、私のアイディアを取り入れてほしいのです。

「でも、やはりデータは必要です」と、一人の男性が言いました。「生徒について、長期間にわたるデータはないのですか？」

私はいくつかのデータを共有しました。縦断的なデータへの関心は近年高まってきたものなので、まだ多くはありませんが、それでも私の手元にあるデータはポジティブなものです。

議論が深まるにつれ、私の中にはおそらくデータで答えを示すことはできないような、より深い問いが出てきました。私が生徒の学びに貢献したかどうか、どうすればわかるでしょうか？　長い目で見て、学校が生徒にどのような影響を与えたか、どうすれば知ることができるのでしょうか？　どうすれば、このようなことを測れるのでしょうか？

私は自分の小さな町での生活について思いを馳せます。町の警察官はかつての教え子で、私の生活を守ってくれる頼りになる存在です。彼は、私や地域の人に対しても、私の生徒たちに対しても優しく丁寧に接してくれます。私の行きつけのクリニックの看護師もかつての教え子で、健康管理のサポートをしてくれています。私の家の土台や私道をつくってくれたり、排水工事をしてくれたりした建築業者も、かつての教え子です。私の自宅は彼の仕事があったから完成できたのです。町の湖のライフガードも、かつての教え子で、私の孫たちが泳ぐのを見守ってくれています。私は自分の生活のあらゆる側面で彼らを信頼し、そのことに自由と感謝の念を深く感じています。彼らをそれほど信頼する理由は、数字では表せないことですが、彼らがベストを尽くすことに誇りを持っていると知っているからなのです。彼らには、エクセレンスの倫理があるとわかっているのです。

謝辞

私が教育におけるビジョンと実践を記録し始めたのは、１９８９年にハーバード大学教育学大学院のスティーブ・サイデル教授のもとで学んでいた時のことでした。それ以来ずっと、私の文章や思考を構築する上で、スティーブの寛大な知見の恩恵にあずかっています。これらのアイディアをまとめた最初の草案は、スティーブ、ハワード・ガードナー、デニー・パーマー・ウルフ、ヴィト・ペローネなど、ハーバード・プロジェクト・ゼロの多彩な才能溢れる教育者の監督のもとでつくられました。その後、これらのアイディアの多くはアネンバーグ財団が出版した『質の文化』（未邦訳／*A Culture of Quality*）の中で取り上げられましたが、これはひとえに編集者でありメンターでもあるジョー・マクドナルドの支援によるものでした。

本書の執筆にあたり、リー・シュルマン率いるカーネギー財団が運営する、Carnegie Academy for the Scholarship of Teaching and Learning（CASTL、教授・学習の学識に関するカーネギー・アカデミー）というプログラムの支援をいただきました。CASTLのディレクターであるアン・リーバーマン、トム・ハッチ、ジェイソン・ライリー、そしてカーネギー財団の仲間たちが、3年にわたる夏の学会で批評や指導をしてくれたおかげで、本書の内容は変容し、より研ぎ澄まされていきました。

グレッグ・ファレルとメグ・キャンベル率いるアウトワード・バウンドのネットワークは、過去10年にわたって私を教育者として成長させてくれる重要な存在でした。当団体を通して数多くの類い稀な才能を持つ教育者たちと一緒に切磋琢磨するという特権に恵まれたのです。特に、スコット・ハートル、キャシー・グリーリー、スティーブン・レヴィは10年来にわたって、同僚、メンター、そして友人として私の思考や実践に大きな影響を与えてくれました。

私の教室における実践は、何よりも25年にわたって私をインスパイアし、育ててくれたシュッツベリー小学校の教職員に支えられています。ケン・リンゼイ、パティ・クライン、デービッド・ポッター、ヘザー・ロベンスタイン、ジュディ・ネーボーン、スーザン・フレッチャー、ボニー・ロイ、ボブ・ディルマン、ケイティー・ブルームフィールド、バーニース・カリュー、テリ・ウェルス、ヴィッキー・ダービー、カレン・アノリック、ローラ・ベーカー、レス・エディンソン、トム・ジェファーソン、バーバラ・フィッシャー、パット・ギルド……彼らのおかげで今の私があります。シュッツベリー小学校の同僚の他にも、ハンプシャー大学のジョン・リード教授、マーレ・ブルーノ教授、そして以前一緒にチーム・ティーチングをした仲間のアイリーン・マリアニ、ビル・シモンズにもとてもお世話になりました。

そして、私の原稿が書籍として形になったのはハイネマン出版社の担当編集者ケイト・モンゴメリーの専門家としての指導があったからです。

最後に、私の教育に対する情熱を理解し、いつも支えてくれた妻エレインに感謝します。

訳者あとがき——世界が注目するハイ・テック・ハイ

アメリカのカリフォルニア州サンディエゴにあるチャータースクール、ハイ・テック・ハイ（High Tech High）は、本書で紹介されている教育哲学の体現を目指した学校の一つとも言われています。ハイ・テック・ハイがどんな学校なのかを知るきっかけになったのは、２０１８年の夏に早稲田大学で開催された『Most Likely to Succeed』の上映会でした。

映画の内容をよく知らずに友達に誘われて訪ねた会場で、映画が始まって10分ほど経過した時に見慣れた風景が映し出され、ああ、サンディエゴのあの学校の話なのだと悟りました。その当時、私たち一家はサンディエゴに12年住んだ後に、子どもたちを日本の文化に触れさせることを主な目的として5年計画で帰国しており、翌年にはまたアメリカに帰る予定でした。サンディエゴにいた時にも、ハイ・テック・ハイが定評のあるチャータースクールで、入学の抽選倍率がそれなりに高いことは知っていましたが、どんな学校なのかはよく理解していなかったのです。

映画を観た最初の感想は「自分が通った日本の私立の中高一貫教育の学校とはまるで違う。こんな学校に子どもたちを通わせてみたい」というものでした。夫には数週間後に行われた別の上映会に行って映画を観てもらい、抽選に受かる確率は低いだろうけど、ダメもとで申し込んでみよう、ということになりました。10月から募集が始まったオンライン抽選に申し込み、翌年の3月に次男が抽選に通ったというメールを受け取りました。1カ月後に三男の当選を知らせるメールがあり、それぞれハイ・テック・ハイの中学校、小学校への入学が決まりました。8月に渡米し、サンディエゴに到着したその足で学校を訪れた時のことは今でもよく覚えています。キャンパスを歩いていると声をかけられて、ずっと待っていました!とばかりに、次男の教室に案内してもらい、これからお世話になる3人の先生に会ったのです。その日から3年が経ち、当時6年生だった次男は中学を卒業しました。

私が今回、藤原さとさんのご紹介で本書の翻訳をさせていただくことになった背景には、子どもたちがハイ・テック・ハイに通っていること、そしてハイ・テック・ハイの先生によるプロジェクト型学習（Project Based Learning, PBL）の研修をお手伝いさせていただいたことがありました。

ハイ・テック・ハイに子どもたちを通わせることが決まってから、実は「本当にハイ・テック・ハイに通わせて大丈夫なのだろうか」という迷いもあることに気づき、ドキュメンタリー映画『Most Likely to Succeed』を日本に紹介した立役者であるFutureEdu Tokyoの竹村詠美さんにお話ししたところ、日本の教員対象のワークショップの通訳をしてみませんかとお誘いいただいたのです。東京での3日間のPBL研修は、藤原さとさんの運営とファシリテーションで行われ、この経験を通してハイ・テック・ハイについてより深く知ることができたのは本当に幸いでした。それ以来、藤原さとさんとはさまざまな機会に交流させていただいており、本書の翻訳の際には教育分野で日本語として定着している語句やコンセプトについてアドバイスをいただきました。

日本でも少しずつその存在を知られるようになったハイ・テック・ハイに通う我が家の子どもたちは、それぞれの異なる経験をしています。２０００年に始まったハイ・テック・ハイは少しずつ学校を増やしていき、既にサンディエゴの各地に３つのキャンパスがありましたが、２０１８年秋に、４つ目になる新たなキャンパスが高校1年生のみで開校しました。次男が入学した２０１９年から、中学1年生、小学校は幼稚園の年長（キンダーガーデン）から2年生までの３学年を対象に募集があり、次男と三男はそれぞれ「Founding Grade」（開校時の最初の学年）の一員になりました（このキャンパスでは当時7・8年生を募集していなかったので、当時7年生だった長男は近所の公立中学校に通うことになりました）。

通常、ハイ・テック・ハイの校舎には、美術館のようにあちらこちらに生徒による作品が展示されていますが、開校したてのキャンパスはほぼ空っぽの状態で、今後入学してくる生徒たちによってつくり出される作品を待っていました。そして、次男の最初のプロジェクトでは、担任になった先生チームの一人が熱狂的なロッククライマーだったこともあり、ボルダリングの壁をつくることになりました。プロジェクトではまず近所のボルダリング・ジムに行き、実際に壁に手を触れたり登ったりして、これから自分たちでつくるもののイメージを構築していきました。数週間で完成したボルダリングの壁はキャンパスの一部となり、今でも中学生たちが休み時間に登って遊んでいます。

この壁のプロジェクトでは実際に壁をデザインし、大工仕事をする以外にも、ロッククライミングをテーマにした小説をクラスで読んだり、「そういったお金のかかる趣味にアクセスがない人々は誰か」「Equity（公正）とは」といったテーマでソクラテス・セミナーという生徒中心のディスカッションが行われたりしました。コロナ禍で学校がオンラインになる前までのプロジェクトでは、自分たちが試行錯誤して学び、その結果つくりあげたものが実際に使われたり誰かの役に立つという経験をして、次男には強烈なインパクトがあったようです。

また、年間を通して先生や他の大人に対してプレゼンテーションをしたり、話をしたりする機会が多いことも特徴的です。東京でのＰＢＬ研修で「Identity as a learner」（学習者としてのアイデンティティ）というフレーズをよく耳にしましたが、自分の強みやこれからの課題をことあるごとに考えたり、言葉にして他人に伝えるという機会が用意されます。中学を卒業する間際に次男が書いた「ハイ・テック・ハイ中学校で学んだこと」には「わからないことはまず自分で調べ、つまずいたら先生や知っている人に聞くという態度が身についた」というものもありました。これは、生徒が気軽に話しかけたり相談したりできるような先生との距離感があったからではと考えています。

中学の最後の数カ月では、選択授業で気に入ったものがなかったのをきっかけに、友達数人とドローンをつくるプロジェクトをやらせてほしいと提案書を作成し、校長先生からの了承をもらいました。部品やつくり方について調べ、オンラインや近所のホームセンターで必要なものを購入し、先生からも資金援助の寄付を募ったり、メンバーで役割分担をしたり、経費の負担を相談するなど、チームマネジメントという意味でもさまざまな学びがありました。卒業式の数日前に完成したドローンは無事にテスト飛行に成功し、次男は「I am happy that we made what we can be proud of（誇りに思えるものをつくれて嬉しい）」と言っていました。次男はハイ・テック・ハイ中学校の3年間を通して、プロトタイプ（草案）をつくってフィードバックをもとに改良を重ね、親や先生以外の人にも堂々と見せて説明できる「自分が誇りに思える作品」をつくりたいという感覚が身についたのではないかと感じています。

本書にもあるように、ハイ・テック・ハイでは保護者や地域の人々を交えた「学校コミュニティ」という感覚も非常に大切にしています。PTA活動の資金集めの一例として、地元のレストランと提携して、特定の日にそのレストランで食事をするように呼びかけ、売上の20〜50％を寄付してもらう、というファンドレイジングが頻繁に行われています。いろいろな形で少しでも多くの保護者や家庭、地域の人々に働きかける努力が継続的に行われています。学習の過程で、地域の本屋やゲームセンター、ボルダリング・ジムなどへの課外活動などにも参加し、送迎や付き添いは保護者のボランティアを募って行われるなど、家庭や地域ぐるみで子どもたちの学びを支援しています。

一方で、万人にとって完璧な学校はありません。プロジェクト型学習を根幹に据えた学校ということで、他の一般的な学校と比較すると、学校で伝達される知識量・情報量は少ないという側面があります。このことに不安を感じたり、学校の授業が簡単すぎると言って子どもを他の学校に転校させる家庭もあります。また「ハイ・テック・ハイに通っているから安心して任せておけばいい」というのではなく、親も積極的に学校の先生と交流したり、機会があればキャンパスに出かけて他の保護者と現状や課題と感じる部分についての情報共有をすることは大切です。

渡米当時は小学2年生だった三男は、ハイ・テック・ハイに馴染むまでにとても時間がかかりました。日本の小学校で1年生を半年だけ体験しており、ハイ・テック・ハイのカリキュラムに音楽や体育の授業がないことに不満を感じていました。また、内気な性格もあり、友達とのトラブルがあっても誰にも話さずに数週間が過ぎるということがあったのです。ようやく話してくれた後に、校長先生や担任の先生に相談したところ、すぐにアクションをとってくれ、それ以来何かと気にかけてもらっていました。

朝に家を出る前に起こった出来事がきっかけで学ぶ姿勢になっていないなと感じる時などは、送迎の際に先生にひとこと声をかけておくと、サポートの先生や時には校長先生自らが様子を見にきてくれたりした経験もあり、比較的小規模で先生や他の大人の目が行き届きやすい学校環境は、やはり安心感を与えてくれるものでした。ハイ・テック・ハイでの3年間で精神的にも成長し、4年生の集大成としてアメリカの独立革命をテーマにしたミュージカルを上演することになった時には、ブロードウェイ・ミュージカル『ハミルトン』が大好きだったこともあって、積極的にトーマス・ジェファーソンなど3役をこなし、舞台で堂々とした姿を見せてくれました。

最後に、高校からハイ・テック・ハイに転校し、1年目を終えたばかりの長男についても少しだけ触れておきます。子どもたちが就学年齢になってから、私たち一家は州や国をまたぐ引っ越しを何度も経験したため、長男にとってハイ・テック・ハイは9校目の学校でした。彼は日本の公立小学校で2年生から卒業までの5年間を過ごす過程で、6年生の時に両腕を骨折し、1カ月ほど学校を休んでいた期間がありました。その時に自宅で始めたオンラインでの学びを通して、知識を得るだけなら学校に行かなくても自分でできると実感したようで、再びアメリカで学校に通い始めた時には「自分は勉強が得意だ」という自己イメージを持っていました。特に数学は日本での授業の進度が速いこともあり、渡米後の最初の年に通った学校には満足できず、翌年にはオーディションを受けてパフォーミングアーツの中学校に転校しました。しかし、コロナ禍のために一度もキャンパスで授業を受けることはなく、また学業面ではその学校にも不満がありました。高校に入るタイミングでハイ・テック・ハイの抽選に通り、迷った末に、日本の小学校で5年生の時に体験したプロジェクト型学習のポジティブな印象から、もしかして何か面白いことができるかも、という期待もあり再度の転校を決めました。

実際に学校が始まってみると、プロジェクト自体にも惹き込まれていましたが、それ以上に先生が生徒と真剣に向き合い、学びの質を高めようと本気で対応してくれるということにとても感銘を受けていました。何よりもそれまでと大きく違ったのは、学校での一日について家でよく話をするようになったことです。最初のうちは新しい環境で新鮮なことばかりだからかな、と思っていましたが、学校があった期間はほぼ毎日その日にあったことについて話すという習慣は学年が終わるまで続きました。話の内容は、プロジェクトのここが好きで、ここがいまいちで、というフィードバックもあれば、友達としたゲームや雑談の話、カリキュラムの中で意味がないと感じる時間のこと、明日先生に伝えるつもりのことなど、事実報告と、学校や先生、プロジェクトに対する称賛と文句の入り交じったおしゃべりという感じではありました。でも時には、人生とは、生きる意味とは、自分の役割とは、といった深い話題になることもあり、彼の内面の葛藤を垣間見ることもできました。

私と夫が長男の年齢だった頃から比較すると、情報にアクセスできるテクノロジーやそれに伴う学習環境、そして社会の状況も大きく変化しているため、学校生活が終わった後に彼らを待っている世の中を的確に予想することは難しく、親が「こうしていれば間違いがない」と自信を持って言えることも少ないと感じています。でも、親自身の不安や無知からくる恐怖心から、彼らが試行錯誤したり未知のことに挑戦したりする機会を奪うことだけはしないように、そして親もGrowth Mindset（成長マインドセット）を持って生きなければと、肝に銘じています。

本書の翻訳にあたって、著者のロン・バーガー氏、英治出版の石崎さん、そして藤原さとさんに大変お世話になりました。子どもたちの未来のために、日々悩みながらも前向きに頑張っているすべての方が勇気づけられるきっかけになればと願っています。

解説——美しい作品をつくり出す人生

深い学びを引き起こす伝説の教師、ロン・バーガー

ロン・バーガーは、アメリカ全土の公立学校・行政と連携し教育改革を行うＥＬエデュケーションのシニア・アドバイザーであり、多数の著作のある教育者である。公立学校の教師として25年以上勤め、Autodesk Foundation National Teacher of the Yearなど、優れた教師に与えられる賞を受賞し、ハーバード大学教育学大学院では、生徒の作品の質の向上に関する授業を受け持ってきた。プロジェクト型学習（ＰＢＬ）や深い学びを引き起こす進歩的な学びを推進しようとするアメリカの教育者にとっては、レジェンドとも呼ばれる存在である。あるＰＢＬ伝統校の教師は、本書を胸に抱きしめながら「これは僕のバイブルなんだよ」とにっこり笑った。

ロン・バーガーはサンディエゴにあるハイ・テック・ハイという質の高いプロジェクト型学習と高い学業パフォーマンスで全米に知られるチャータースクールにも大きな影響を与えた。ロン・バーガーと同校創立者のラリー・ローゼンストックは、マサチューセッツ州に住む近所同士で親しかったこともあって、創立以前からその思想形成に大きく関わっている。同校の校内はさながら美術館のようでアート作品に溢れている。子どもたちがつくるものは、「美的な配慮をもって準備され、批評され、さらに磨かれ、聴衆の審美眼で

鑑賞されうるし、そうされるべきだ」というロン・バーガーの思想に極めて忠実である。

私がロン・バーガーの書いたものにはじめて触れるきっかけとなったのは、２０１８年度に経済産業省の「未来の教室 Learning Innovation」事業の採択を受け、ハイ・テック・ハイの教育学大学院における教育者研修を日本に導入したことだった。その研修設計の過程でロン・バーガーの論考に触れたのだが、それは教育の文脈で読んだそれまでのどの文章とも違っていた。そこには学級の友だちの温かい眼差しの中で自己の尊厳を取り戻していく一人の生徒の姿が描かれていた。ここには大切なことが書いてある、と胸が高鳴るような思いで読んだことをはっきりと覚えている。それから数年が経ち、多くの教師たちに愛されてきた本書を日本に紹介できるようになったことは、この上ない幸せである。

ロン・バーガーは本書の後にも『Leaders of Their Own Learning』など数々の著書を出版し、その多くがベストセラーになっている。しかし本書は出版から20年たった今でも、まぎれもなく彼の主著であり、いまだに教育の現場で多く引用され、教師たちが読み続けている本である。この本にはフレームワークや手法のようなものはほとんど書かれていない。むしろ、ロン・バーガーが教師として子どもたちやコミュニティと関わった過程が物語として綴られている。しかし、一見極めて平易に見える文の奥には、深い意味があちらこちらに潜んでいる。私自身がそうだが、読者の経験が深まるにつれ、新しい発見がつぎつぎに出てくる本のように思う。

私は拙書『「探究」する学びをつくる――社会とつながるプロジェクト型学習』（平凡社）

においてロン・バーガーの思想を深くその実践に反映しているハイ・テック・ハイのカリキュラム作成や評価方法、プロジェクトの質を上げるための批評の取り組みなどについて、具体例とともに記述した。ハイ・テック・ハイでは、ロン・バーガーの提唱する「オーディエンスのヒエラルキー」や健全な批評精神を育む方法、生徒自身が学習のオーナーシップを持ち、自らの学びを言語化するための評価手法などが、効果的に取り入れられている。同校で約20年教鞭をとり、同校の教育学大学院でコースも受け持つジョン・サントスは「大事なことは、私たち一人ひとりが、自身に誇りを持てるような意味のある美しい仕事をつくることであり、学校やコミュニティはその支援者でなければならない」ということをロン・バーガーから学んだと語る。

日本では2020年度から新学習指導要領が順次導入された。文部科学省は「自ら課題を見付け、自ら学び、自ら考え、判断して行動し、それぞれに思い描く幸せを実現してほしい」という願いを込め、「主体的・対話的で深い学び」の実現を求めている。ロン・バーガーの実践は、こうした新しい学びの先駆的な存在となるだろう。また、忙しい教師たちがいかにして誇りを持って仕事をし、プロフェッションを高めていけるか、そのために行政や大学はどうあるべきか、示唆に富む数々の指摘をしている。彼が見た20年前のアメリカの教育の問題は、そのまま今の日本の問題に思えるのは私だけだろうか。

マサチューセッツ州の郊外にある小さな教育区の小学校の教師だったロン・バーガーは、同僚の教師たちとともに学校の授業を激変させた。6年生は住民アンケートやさまざまなデータを分析し、州初となるラドンガス分布図を作成した。ラドンガスは放射性を持ち、微量であれば問題ないが、大量に発生すると人体に多大な悪影響を及ぼす。その取り組みはメディアにも取り上げられ、連邦政府のラドンガス委員会からも注目された。

一方で、本書にはきらびやかなプロジェクトの実践だけではなく、度重なる停学処分やドラッグ、刑務所行きなどの問題行動を起こす生徒たちに悩まされる高校や、英語以外の言語が母国語の生徒が半数を占め、年間の退学率が3割というような学校の事例、特別支援にかかわる実践も数多く出てくる。美しい作品をつくり上げるプロジェクトを通して、貧困や家庭の愛情の欠如、障害に苦しむ子どもたちが、エクセレンスの感性を育み、自らを信頼し、オープンで何事にも真剣に向き合うように変化を遂げていく。その様子は圧巻であるとともに、なんとも心温まるものである。

ロン・バーガーは、子どもの自尊心は、美しく、良い作品をつくり上げる過程でしか培われないという。「自分は価値がある人間だ」と思えるためには、褒められるだけでは十分ではなく、「これは価値があるものだと信じられることをする、もしくはつくり上げる」ことが必要不可欠だと語る。

さらに彼は学校の文化、そして家庭や地域コミュニティの文化が子どもたちに決定的な影響を与えると主張する。子どもたちをエクセレンスに導くのは文化なのだ。ところで、本書の原題『An Ethic of Excellence』は、直訳すると「エクセレンスの倫理」である。「エクセレンス」は卓越とも翻訳されることが多いが、元を辿ると古代ギリシャ語の「アレテー」という言葉に辿り着く。この言葉には「卓越」だけではなく「徳」の概念も含意される。

よって、エクセレンスといった場合に、単に人より秀でることを目指すのではなく、同時に善き生を目指し、倫理観を養っていってほしいという思いが込められていることに注意したい。子どもたちが、粘り強く良い作品をつくり上げることは、善き人格を形成するということと同義なのだ。

アメリカの哲学者、ジョン・デューイも指摘したとおり、私たちはこの世に生まれ落ちた時から、自身をとりまく環境と相互作用しながら、さまざまな経験によって自らを築き上げていく。それらは、教科書で教え込まれることや親からの小言だけではない。無意識に目にする枝葉の間から差す木漏れ日や、温かい身近な人たちの声、空をゆったりと漂う雲、友だちから投げかけられる言葉たち、教師の姿や表情も当然に含まれる。だからこそ、ロン・バーガーは学校におけるすべての環境にこだわる。校舎が美しく整えられ、生徒たちの質の高いプロジェクト作品がいたるところに展示された学校を目指す。

また、ロン・バーガーは、生徒たちが意味のある真正な評価を受けることも重要だと主張する。子どもたちが「自分は価値ある人間だ」と思えるようになるには、「価値あるプロジェクト」に携わり、正当な評価を受けなければならない。専門家が見たら驚くような才能を発揮している生徒の作品なのに、良い点数がつけられないことはしばしばある。評価の基準が曖昧なまま、見栄えのよいものだけにAがつき、その理由も示されないという経験を、私たちの多くもしているのではないだろうか。

自分がつくり出すものは自分の姿を映し出す。一度提出してしまえばあとはゴミ箱に行くだけの課題に取り組んでいると、それは自分自身の姿として跳ね返り、生徒たちは無意識のうちに自身への信頼を失ってしまう。そして良い批評者や評価者がいなければ、良いプロダクトや意見は葬り去られることになってしまう。社会の構成員全員が「良き批評者」であるように、教育は寄与しなければならないと、ロン・バーガーは言う。彼は生徒の作品に点数をつけない。代わりに生徒の作品をスーツケースに入れて全国を飛び回る。その作品がどんなに素晴らしいか、その作品制作の過程にどんなストーリーがあったのかを説いて回るのだ。

ロン・バーガーの実践と美学を結びつけたプロジェクト・ゼロ

ロン・バーガーは1989年よりハーバード大学教育学大学院で、マルチプルインテリジェンス提唱者のハワード・ガードナー博士の指導を受け、プロジェクト・ゼロ（Project Zero）に関わった。プロジェクト・ゼロは1967年に哲学者のネルソン・グッドマンによって創設された。設立当時、多くの芸術教育者たちが理論や方法を独自に展開していた一方で、そうした知識は教育者間であまり共有されていなかった。そうした状況を変え、芸術教育の発展につなげることを目的に、このプロジェクトは立ち上がったという。

設立から50年以上経った現在、プロジェクト・ゼロは芸術教育ばかりではなく教育全般を視野に入れ、人間のポテンシャルを理解し、それを養成することをミッションとしている。そのためにさまざまなプロジェクトを擁し、アメリカにおける主要かつ先駆的な教育研究機関の一つとなっている。ガードナー博士は、1972〜2000年にプロジェクト・ゼロの共同ディレクターとして活躍し、現在はプロジェクト・ゼロ運営委員会の責任者である。

今回の翻訳版の出版にあたって、ロン・バーガー本人から本書が世に出るに至った経緯を聞いた。当時修士号を目指す一学生にすぎなかったロン・バーガーは、ガードナー博士のコースをとり、当時すでに世界的に有名な研究者として多忙を極めていた博士とのアポイントメントにこぎつけた。やっともらえたその時間は5分。ロン・バーガーは時間をフルに使って自分の生徒たちのポートフォリオを次々に見せ、その美しい作品について説明を続けた。するとガードナー博士は「明日1時間あげるからいらっしゃい」と言った。次の日にガードナー博士のオフィスを訪れると、そこにはガードナーの妻で、芸術心理学者のエレン・ウィナーもおり、ロン・バーガーは二人に生徒たちの作品を見せ続けた。その場で博士から「次の学期はもう授業はなにもとらなくていい。プロジェクト・ゼロに参画しなさい」と言われ、研究グループの一員になったという。

本書のベースは、プロジェクト・ゼロとアネンバーグ財団の支援で書かれた『A Culture

of Quality』である。その過程ではガードナー博士、ヴィト・ペローネ教授らのサポートを受けている。さらに、ロン・バーガーは、2022年までハーバード大学教育学大学院の美術教育部門のディレクターを務めていたスティーブ・サイデル博士ともプロジェクトを共にし、同大学院で「エクセレンスのモデル——生徒作品を活用した指導と学習の改善」というコースを5年間一緒に受け持った。ガードナー博士らとの深い交流は30年以上に及ぶ。「ハーバードでの経験によって何が変わったか?」という私の問いに対し、ロン・バーガーは「それまでの自分の直感的な実践に対して言葉を与えてくれた。プロジェクト・ゼロの創設メンバーであるデイビッド・パーキンスも自分の理解に形を与え、フレームワークにすることを助けてくれた」と答えた。

美や芸術は子どもたちの心に灯をともす

実際に、ロン・バーガーの実践にはいたるところに美学がちりばめられている。一見私たちが美や芸術と見做さないような日常の営みや学びの風景の中に深い整合性をもって語られる。卓越した美しい作品をつくり上げるものづくりの魂「クラフトマンシップ」こそが教育の要だ、と彼は考える。そこには『判断力批判』において美学の基礎を築いたドイツ(プロイセン)の哲学者、イマヌエル・カントが示唆したことに通じるものがある。カントは、人は心と身体をフルに使って理想の形を構想し、具体化する過程で、心的能力を開発していくという。生み出されたものは他者に表現され、分かち合われる。本書では、構想における自由が保障され、適切なリフレクションがなされることによって、子どもたちが自己のアイデンティティを追求し、倫理観を培っていく様子が描かれる。そうした営みは、カントの思想と綺麗に重なるように思える。

ドイツの詩人・思想家であるシラーは『人間の美的教育について』(法政大学出版局)において、人は美的生活によって「自分自身の欲するものに自分自身をつくるということ——自分がありたいと思うものである自由を、完全に取りもどす」ことができると言った。人は自らの心の能力によって新しい現実を創り出し、本来の人間性を取り戻すことができるし、そこに「美」が決定的な介在をするという。その営みは「プロジェクト」ということもできるかもしれない。

ジョン・デューイは、芸術的な活動はいわゆるアート作品と言われているものの範囲に限定されるものではなく、日常の生活のなかでこそ実現されるとした。そして、芸術作品(the work of art)の制作と鑑賞とが切り離されず、子どもたちが創造的な活動をすることを求めた。さらに、芸術が共同社会で人々をつなぐ感性的なコミュニケーションを実現すると考えた。内的に動機づけられた遊びとも仕事とも切り分けられない自由な活動のなかでこそ、人は芸術を為す。協働的・創造的な学びのなかで、鑑賞と制作と批評がリズミカルに繰り返されるロン・バーガーの実践は驚くほどデューイの思想に忠実である。ガードナーがロン・バーガーに初めて出会った時に、提示されたポートフォリオを見て驚いたのも無理はない。

ハーバード大学教育学大学院の美術教育部門のスティーブ・サイデル教授は、すべての人には「美」への欲求があり、「美しいもの」は古来、強力な文化創生の原動力になったのに、学校において「美」や「芸術」が子どもたちの心に火をつける起爆剤としてほとんど活用されていないことは理にかなわないと指摘している。「美術」「図工」「音楽」のような教科は日本でも「周辺教科」と揶揄されるように、「国語」「算数・数学」「理科」「社会」などと比べて優先度の低いものと捉えられがちであるが、本来「美」という概念は、教科にとらわれない教育全体の一丁目一番地におかれるべきではないだろうか。

英国の文芸・美術批評家であるハーバート・リードは、美術教育の古典的名著とされる『芸術による教育』(フィルムアート社)において、紀元前に遡る遥か昔にプラトンが明快に打ち立てた命題「芸術を教育の基礎とするべきである」は見直されるべきだと主張している。さらにリードは、「プラトンの命題」が誤解されてきたのは、プラトンが芸術という言葉によって何を意味したのかということが、何世紀にもわたってずっと理解されず、教育の目的が不確かであったためであると指摘する。今、改めてプラトンの命題の可能性を教育の現場で実現するということについて私たちは真剣に考えてみてもいいのかもしれない。

「美しいとはなにか」という問いは極めて重要である。ロン・バーガーはインタビュー時に「美」という言葉に気をつけてほしいと念を押した。「美しい」と言った場合、その表面の美しさだけに囚われてはならない。美しさは世に言われる芸術(Art)の中だけにあるのではなく、数学、科学、歴史、社会的正義、日常の私たちの感情の中にもあらわれてくる。「美」はしばしば政治的プロパガンダにも利用される。「美」は静的なものであると同時に動的なものでもあり、最終的な作品だけでなく、エレガントな解決の営みやその葛藤、苦しみや喜びのなかにも見出せるものである。

自分らしく誇らしい人生を全うするために

今、テクノロジーの進化や地球の温暖化に伴う気候変動、感染症のパンデミック、ロシアによるウクライナ侵攻の影響、そしてさまざまな人権侵害の問題などにこの世界は覆われている。こうして社会が大きく変動する時代に、教育や学びのあり方は変わらなければならない。

一方で、将来が不確実だからといって、世界の変化に適応しようと次から次へと知識やスキルを増やすことはもはや意味をなさないし、現実的でもない。「あなたはどのように生きるのか」という問いがないまま、予測できない将来への不安を煽り、むやみやたらに準備ばかりさせると、子どもたちは決定的に自信を失ってしまう。子どもたち一人ひとりが学びの過程において、美しい作品をつくり、自己を問い直し、自身への信頼を取り戻していくことができなければ、私たちの未来は決して明るいものとはならないのではないだろうか。

ロン・バーガーはなにも生徒たちに大きなことをしろなどとは言っていない。周りの人たちや地域と健全につながり、自分らしく誇らしい人生を全うすることを求めているのだ。あなたは誰かが勝手につけた偏差値や、学歴や点数でできているのではない。これは生徒たちだけでなく、大人である私たちにとっても重要なメッセージとなるだろう。自分自身が美しいと思う作品をつくり上げる営みのなかでゆっくりと時間をかけて築き上げていく人生の格律によって、誇りを持って生きるあなたが「あなた」なのだ。

本書の翻訳は私たちが実施したハイ・テック・ハイの日本における2019年の研修の時に通訳をしてくださり、自身の3人のお子さんもハイ・テック・ハイに通う塚越悦子さんにお願いした。難しい交渉を引き受け、本書の日本での出版に尽力いただいた英治出版の石崎優木さん、下田理さんにも感謝を伝えたいと思う。教師にかぎらず、多くの人に読まれる本となりますように。

［著者］

ロン・バーガー

Ron Berger

ハーバード大学教育学修士。EL Education シニア・アドバイザー。
40 年以上にわたる教師・教員育成者としての経験（うち 28 年は公立学校で教鞭をとる）を活かし、国内外で講演活動を行う。

ハーバード大学教育学大学院では、教育や学習を改善するために生徒の作品を利用することに焦点を当てたコース「Models of Excellence」を教える。「Models of Excellence EL」というウェブサイトを立ち上げ、質の高い生徒の作品を集めたコレクションを公開している。また、ハイ・テック・ハイの教育大学院でもアドバイザーを務める。アネンバーグ財団の教師奨学生、オートデスク財団ナショナル・ティーチャー・オブ・ザ・イヤー賞を受賞。

著書に『A Culture of Quality』、共著に『Leaders of Their Own Learning』『Management in the Active Classroom』『Learning That Lasts』などがある。

［翻訳］

塚越悦子

Etsuko Tsukagoshi

翻訳業。カップル＆パートナーシップ専門コーチ、アドラー & 幸福学ハッピーペアレンティング（子育てコース）講師。東京大学文学部卒業、モントレー国際大学院行政学修士。国連勤務や JICA コンサルタントを経て 2002 年に渡米。日本語補習授業学校の事務局長として勤務し、バイリンガル教育に関わる。12 年のアメリカ生活で夫婦関係や子育てに悩む人が多いことを痛感し、ライフコーチの資格を取得。また、出産をきっかけに受けたアドラー心理学をベースにした親子コミュニケーションコースに感銘を受け、インストラクターの資格を取得、サンディエゴでセミナーを行ってきた。2014 年に日本へ帰国し、国際結婚やパートナーシップ、夫婦・家族関係をテーマにしたコーチングや執筆活動に従事。2019 年夏から再びサンディエゴに移住、3 子がハイ・テック・ハイに通学中。著書に『国際結婚一年生』(主婦の友社)、訳書に『異性の心を上手に透視する方法』（プレジデント社)、『アドラー流子育てベーシックブック』（サウザンブックス社)。

［解説］

藤原さと

Sato Fujiwara

一般社団法人こたえのない学校代表理事。慶應義塾大学法学部政治学科卒業、コーネル大学大学院修士 (公共政策学)。日本政策金融公庫、ソニーなどで海外アライアンス、新規事業立ち上げなどを経験。仕事をしながら子育てをするなかで「探究する学び」に出会い、2014 年、一般社団法人こたえのない学校を設立。小学生向けの探究型キャリアプログラムを実施するほか、学校教育に携わる教師と学校外で教育に携わる多様な大人が出会い、チームで探究プロジェクトを実施する「Learning Creator's Lab」を主宰。2018 年、経済産業省「未来の教室」事業の採択を受け、世界屈指のプロジェクト型学習を行うハイ・テック・ハイの教員研修プログラムの日本導入に携わる。著書に『「探究」する学びをつくる』(平凡社)など。

[英治出版からのお知らせ]

本書に関するご意見・ご感想を E-mail (editor@eijipress.co.jp) で受け付けています。
また、英治出版ではメールマガジン、Web メディア、SNS で新刊情報や書籍に関する記事、イベント情報などを配信しております。ぜひ一度、アクセスしてみてください。

メールマガジン：会員登録はホームページにて
Web メディア「英治出版オンライン」：eijionline.com
Twitter / Facebook / Instagram：eijipress

子どもの誇りに灯をともす
誰もが探究して学びあうクラフトマンシップの文化をつくる

発行日　2023 年 3 月 24 日　第 1 版　第 1 刷

著者　ロン・バーガー
訳者　塚越悦子（つかごし・えつこ）
解説　藤原さと（ふじわら・さと）
発行人　原田英治
発行　英治出版株式会社
〒150-0022 東京都渋谷区恵比寿南 1-9-12 ピトレスクビル 4F
電話　03-5773-0193　FAX　03-5773-0194
http://www.eijipress.co.jp/
プロデューサー　石﨑優木
スタッフ　高野達成　藤竹賢一郎　山下智也　鈴木美穂　下田理　田中三枝
平野貴裕　上村悠也　桑江リリー　渡邉吏佐子　中西さおり
関紀子　齋藤さくら　下村美来
印刷・製本　中央精版印刷株式会社
校正　株式会社ヴェリタ
装丁　木下悠

ISBN978-4-86276-327-3　C0030　Printed in Japan